がんばっても報われない本当の理由

心屋仁之助

PHP文庫

○本表紙図柄＝ロゼッタ・ストーン（大英博物館蔵）
○本表紙デザイン＋紋章＝上田晃郷

はじめに

「がんばってるのに、認めてもらえない」
「がんばってるのに、給料、これっぽっち」
「がんばってるのに、昇進できない」
「がんばってるのに、好かれない」
「がんばってるのに、売れっ子になれない」
「がんばってるのに、夢が叶《かな》わない」

こんなにがんばってるのに…………。

虚《むな》しくて、苦しくて、ひとりぼっち。

世の中、何かが間違ってる！　と、文句のひとつも言いたくなる……。

その気持ちわかります。なぜなら、あなたの悩みは、かつての僕の悩みだったから。

まさに僕自身、長い間、「がんばってるのに、報われない」ひとりだったからです。

みなさん、こんにちは。性格リフォーム心理カウンセラーの心屋仁之助《こころやじんのすけ》です。カウンセリングや心理セミナーなどを通じて、みなさんの悩みと向き合い、心をラクにするお手伝いをするのが僕の仕事です。

かつて、テレビ番組のなかでカウンセリングをさせていただくこともありました。

テレビの力は大きいもので、僕のことを、〝素晴らしいキャリアの持ち主〟などと、うれしい誤解をしてくださる方もいらっしゃるようです。

だからでしょうか。

「えっ！　心屋さんも『報われない人』だったなんて、本当ですか？」

と、時々聞かれます。

でも、本当なんです。


心理の世界に入る前、僕は十九年間、大手物流会社に勤めるサラリーマンでした。

入社したのは、その会社が、大学新卒者を初めて採用した年で、僕はその一期生。将来の幹部候補生として、いわば〝鳴り物入り〟での入社でした。

会社が、それだけ期待してくれているのだから、がんばらなアカン！

残業なんか、なんのその。

朝から晩まで、働いて、働いて、働き抜きました。

好きな言葉は「努力と根性！」「働かざる者、食うべからず」

っていうくらい、がんばった。

だけど、あるとき気づいたら、僕は孤独でした。

会社では部下や同僚、上司との関係がギクシャクし、家へ帰れば、家族の心はちりぢりバラバラ。

人生が、どんどん壊れていく気がしました。


こんなにがんばっても、報われない。

こんなにがんばっても、幸せじゃない。

それは、いったいなぜだろう?


ギリギリの思いで、その「答え」を探しはじめました。

そしてそれが、結果的には、僕がこの世界へ入るきっかけとなったのです。


あれから何年たったでしょう。

あんなにがんばっても、ちっとも幸せじゃなかった僕が、今は、「なぜか」、たくさんの仲間に囲まれて、毎日を楽しく過ごしています。

講演会には、「なぜか」、全国から大勢の方々が集まってくださいます。

自分で言うのもおかしいのですが、こうして本を書かせていただけば、「なぜか」、ほとんどがベストセラーの仲間入りです。

京都の片隅で小さな会社を起業して、ひっそりコツコツとカウンセリングの仕事をはじめただけ。

すごい資格も肩書きもなければ、コネもなし。

サラリーマンあがりの、ふつうのオジサンです。

そんな僕の人生が、「なぜか」、突然、花開き出したのです。

「なぜか」、人生がうまく回り出す。

不思議じゃないですか？

「前よりもっとがんばったから？」

「運がよかったから？」

「やっぱり、才能があったんでしょう？」

どれも違うんです。

僕の人生がうまくいくようになったのは、〝たったひとつのこと〟に気づいたからでした。「なぜか」の答えは、そこにあったのです。

というわけで、僕が気づいた〝たったひとつのこと〟を、ぜひみなさんにお伝えしたくて書いたのが、この本です。

これからお伝えするのは、僕自身が実際の体験から学んだこと。

僕の原点ともなる考え方です。

誰の人生も、その人が自分で思う以上の、大きな可能性を秘めています。

その可能性の扉を開く、手助けになれたらうれしいです。

がんばって、もがいて、苦しんでいた。
そんな〝昔の僕〟にも、読んでもらえたら……。
そんな思いで、書きました。

心屋仁之助

がんばっても報われない本当の理由

もくじ

第1章 がんばっているのに、人生がうまくいかないあなたへ

第2章 〝そこそこ人生〟を一瞬で変える魔法

第3章　がんばらなければ、うまくいく

第4章　心のヨロイを脱いで、本音で生きる

第5章 「がんばらないのに、報われる人」の習慣

本文イラスト◎村山宇希
編集協力◎金原みはる

第1章

がんばっているのに、人生がうまくいかないあなたへ

〝がんばり教〟の信者になっていませんか？

徹夜して書き上げた企画書が、あっさりボツ。

なのに、朝、思いつきでチョコチョコッと書いただけの、あの人の企画書が大絶賛。

「ええっ！　なんで？」

「こんなにがんばったのに、これって、絶対不公平！」

ありますよね、こんなこと。


寝る間を惜しんで、資料を集めて、猛勉強した。

一生懸命努力した、工夫した。

誰にも負けないくらい、がんばった。

その成果は、ちゃんとあらわれているはず。なのに、上司は、ろくすっぽ話も聞かず、あなたのライバルばかりをほめる。

いったい、なぜなんでしょう。

僕も、長い間その理由がわからず、苦しみました。

こんなことがありました。会社をやめて、自分で起業してからのことです。

僕は駆け出しの心理カウンセラー。

ただ待っていたって、きっとお客さんはこないはず。

だから、せっせと努力しました。

ホームページを開設し、毎日一生懸命ブログを書き、メルマガをつくって読者を募《つの》り、コツコツと自分の存在をアピールしていったのです。

セミナーを開催するときは、なるべく多くの方に参加していただけるように、受講料もできるだけ高くしないようにして。

「必要経費を差し引いたら儲《もう》けは少ないな。でも、赤字にならなきゃ、まあいいか」

そんな考えでした。

「今、参加すれば、〇〇〇のプレゼントつき！」

「このセミナーを受講すれば、あなたも〇〇〇に変われますよ！」

なんていうオマケ大作戦も決行。

ところが、こんなにがんばってアピールしたのに、当日、会場はガラガラのときもある。

目の前が真っ暗になりました。

やっぱり、受講料をもっと安くしなきゃ、ダメなのかな。

もっとオマケをつけなきゃ、ダメなのかな。

がんばって、もっと宣伝するべきだった……。

なにしろ、会社員時代からがんばりっ放しの僕です。

まるで〝がんばり教〟の信者のように、

「がんばる人→○」

「がんばらない人→×」

と、自分にも人にもレッテルをはっていました。

だから、お客さんがきてくれないのは、「まだまだ、がんばりが足りないから」だと信じていたのです。

「断食《だんじき》」で、ものの考え方がひっくり返った！

そんな僕の考え方が決定的に変わったのは、あるとき、「断食道場」に行ったのがきっかけでした。

当時の僕は、今より一一キロも太っていました。

食べるのが大好きだったからです。

それに、なにより、食べなきゃエネルギーがわきません。体力が落ちたら、いい考えも浮かばないし、仕事だってうまくいかなくなるはず。

「だから、人間、食べることは大切だもんね！」

そんなふうに、自分で自分に言い聞かせていました。

しかし、後でわかったのは、それは単なる思い込みだということでした。

経験のある方はわかると思いますが、断食がスタートすると、まあ、苦しいんです。

からだは、こう叫びます。

「メシくれ！　血糖値が下がる、頭が痛い、苦しい、気持ち悪い、からだが動かない……」

しかし、もちろん「断食道場」ですから、脱走でもしない限り、どんなに叫んでもごはんはでてきません。

「ああ、もうダメだ。このまま死ぬ……」

ところが、あたりまえですが、こんなことでは死なないんですね、これが。

一人ひとりの人間のからだには、人類の長い歴史のなかで、氷河期やら戦争、飢饉《ききん》など、食料のない時代を生き抜いてきたDNAが埋め込まれているのだそうです。

ようするに、飢餓状態には慣れっこ。いつ、食べるものがなくなってもいいように、からだはちゃんと脂肪を蓄《たくわ》えているのです。

だから、食べものがないなら、すでに蓄えた脂肪を使えばいいだけのこと。少しくらい食べなくたって、人間、そう簡単には死にません。

「メシくれー！」

と心が叫ぶのは、必要なものが「すでにある」のに、「ない」ことにして、ため込んで安心したいだけ。

「食べるのが好きだからさ」

「食べないと、エネルギーがわかないもんね」

なんて言っていたのは、食べて安心したいための言い訳にすぎなかったのです。

自分のからだには、必要なものが「すでにある」！

「すでにある」んだから、よけいな栄養はいらないんだ。

「すでにある」んだから、食べなくったっていいんだ。

苦しみの限界を超えたとき、そのことが突然わかったのです。すると、そのことを納得しただけで、たいした苦痛もなく、僕の体重はスルスルと減っていきました。

必要なものは「すでにある」という発想。

これにたどり着いたときが、僕のなかの何かのスイッチが、カチッと入れ替わる瞬間だったのです。

必要なものはすでにある

何もしなくても「価値がある」

「で、断食とがんばることと、どんな関係があるんですか？」

はい、そうなんです。いよいよ、ここからが本題です。

あの頃、セミナーを開催した僕は、「受講料はなるべく安く。そして、おトクなオマケもたくさんつけてアピールしなきゃ」と思っていました。

考えてみれば、それは、

「安くてオマケつきじゃなきゃ、僕のセミナーなど誰にも見向きもされないはず」

という前提に立っていたからにほかなりません。

一生懸命アピールしたつもりが、逆に、

「安くてオマケでもつかない限り、このセミナーには価値はありませんよ」

と、自分で言いふらしていたようなものだったのです。

「待てよ」と思いました。

「自分って、ホントにそんなに価値がないのか？」

さて、そこで「断食」理論です。

からだには必要なものが「すでにある」のに、食べすぎていた自分。

「すでにある」のに、「もっと食べなきゃ」と、不安になっていた自分。

もしかすると、今の自分も、それと同じなのかもしれないと考えました。

「安くて、オマケつき」じゃなきゃ、「がんばって役に立たなければ」、自分には価値がないと思っていた。

でも、本当は違う。

自分の価値は、「すでにある」んじゃないだろうか。

すでに価値があるのに、そんなことしなくても十分に認められているのに、

「もっと、もっと」と、がんばって外側にいろいろな価値をくっつけようとしていたんじゃないだろうか。

そこで、思いきって前提を変えてみたのです。

「高くても、何もオマケがつかなくても、僕のセミナーには価値がある！」と。


さっそく、実験のつもりで、次回のセミナーは、思いきって受講料は倍。オマケもおトク情報もいっさいなしの、シンプルな告知だけにしてみました。

すると、その日は、驚くほどの人、人、人……。前回の三倍くらいの方々が集まってくださり、あっという間に満席となったのです。


〝狐《きつね》につままれたよう〟とは、まさにこのことです。

いったい何が起きたのでしょう。

ただ、がんばるのをやめただけ。

なのに、僕は、突如《とつじょ》、報われてしまったのです。

「欠乏症」だと、がんばりをやめられない

それまでは、いつも、どこかで、自分に自信がもてませんでした。

会社員として十九年も働き続けて、出世もしました。

部下もたくさんできました。

給料だって、かなりの金額をいただいていました。

それでも、劣等感は消えません。


そもそも、前提が「自分には価値がない」だったから。

「価値がない」から、多少ほめられようが、出世しようが、「まだまだダメだ」

「まだ足りない」と、いつまでたっても欠乏感は埋まりません。

有名な〝コップの水〟のたとえがありますが、まさにあれです。

コップに水が「半分もある」のに、「半分しかない」と焦《あせ》って、「もっと、もっと」と注《そそ》ぎ込もうとしてしまう……。

それが、僕でした。

自分のなかの「ダメなところ」「足りないところ」を埋めたくて。

だから、わき目もふらず、一生懸命がんばったというわけです。

今、がんばっているあなたも、そうではありませんか？

ほめられたい。

認められたい。

喜ばれたい。

でも、それは、

「役立たず」と言われたくない。

「つまらないヤツ」と言われたくない。
「思ったより、仕事できないね」と言われたくない。
という劣等感の裏返しではないですか？
「自分はがんばらないと、認めてもらえない人間」だと思っていませんか？

自分の時間を犠牲にしても、残業を引き受ける。
友だちや恋人、家族との約束をキャンセルしてでも、休日出勤する。
頼まれたらイヤとは言わない、手は抜かない。

がんばる、がんばる、がんばる……。

でも、いくらがんばっても満たされない。認めてもらえない。
それどころか、心やからだを壊したり、家庭や友情を壊してしまうなど、自分の人生そのものをダメにしてしまう人もいます。

僕がそうだったから、よくわかります。

「自分はがんばらないと、認めてもらえない人間」

その前提を変えてみませんか？

まずは、そこからです。

「がんばらないと認めてもらえない」という前提を変えてみる

評価してもらえないのは、あなたのなかに「理由」がある

あなたの前提が「自分はがんばらないと、認めてもらえない人間」である限り、やっぱり、あなたは人に認めてもらえません。

先ほどの、僕のセミナーの話と同じです。

「がんばらないと、認めてもらえない人間」だとあなた自身が思えば、それはつまり、自分で「自分は、その程度の人間だ」と言っているのと同じこと。

自分で「自分は、その程度」と言っているような人のことを、ほかの人が、「いいね」とほめてくれるはずがありません。

たとえば、ここにコーヒーカップがあったとします。

「このコーヒーカップ、最低。形も平凡だし、色も柄も古臭《ふるくさ》くて大嫌い」

あなたが言えば、まわりの人もこう言うでしょう。

「ホント、最低だね」

そして、あなたが嫌いなコーヒーカップなのだから、最悪、落として割ってしまっても気にしません。

「だって、嫌いなんでしょ。どうでもいいんでしょ」

と、みんなも、そのコーヒーカップを大切に扱わなくなるはずです。

逆に、同じコーヒーカップでも、あなたが「このコーヒーカップ、いいでしょ。色も形も素敵で、私、大好きなんだよね」とほめちぎっていたら、どうでしょう？

まわりの人も「ホント、素敵」とほめてくれます。

あなたが大切にしているコーヒーカップなのだから、みんなも、壊さないようにていねいに扱ってくれるのです。

つまり、あなたが自分自身を評価しなければ、人もあなたを評価しないということ。

あなたが自分自身を大切にしなければ、人もあなたを大切にしないということ。

とても単純な話です。


あなたが、がんばっているのに認めてもらえないのはなぜか？

それは、あなたが、

「自分はがんばらないと、認めてもらえない人間」

だと思っているから。

ただ、それだけのことだったのです。


「こんなにがんばってるのに、どうしてわかってくれないの？」

と、まわりを恨《うら》むのは、「このコーヒーカップ、嫌い」と自分で言っておいて、人から「確かに。それ、イマイチだよね」とケチをつけられたら、逆ギレするようなもの。

逆ギレされた相手は、

「だって、今、自分で自分のことダメって言ったよね。だから、この人、ダメなんだなって思っただけなんだけど……」

と、戸惑《とまど》ってしまいます。

あなたが認められないのは、あなたが自分を認めていないから。

「えっ、全部自分のせいだったの？」

そう。あなたが、あなたの評価を決めているんです。

自分の評価は、自分で決めていい

これまで、自分の評価は、他人が決めるものだと思っていたかもしれません。

誰かが「あの人は、素晴らしい！」と言ってくれた。

誰かが「あの人は、仕事ができるね！」と言ってくれた。

誰かが「あの人は、すごい！」と言ってくれた。


誰かの言葉で、自分の価値がつくられるのだと思っていたのではないですか？

だからこそ、ほめられようとがんばったし、期待にこたえようとがんばった。

認めてもらえないと、「そうか。まだ足りなかったんだ。まだやれてなかったんだ」と、もっとがんばった。

その繰り返し。

でも、本当は自分の評価は自分で決めている、いや、決めていいのです。

だから、自分で前提を変えてしまいましょう。

「自分はがんばらないと、認めてもらえない」
←
「自分はがんばらなくても、すごい！」

それだけです。さあ、口に出して言ってみてください。

「私ってすごい！」

「私って最高！」

「私には価値がある！」

キャッホーーーー！

がんばらなくても、
自分はすごい！

「がんばれば、認められる」の思い込みをはずす

「でも、私、べつにすごくないですから……」

ここまで読んで、今、冷めた思いで、そうつぶやいている人もいるでしょう。

「だって、私、何をやっても三日坊主《ぼうず》ですぐ飽きちゃうし」

「家でゴロゴロしているのが、大好きだし」

「入社試験に落ちたし」

「記憶力悪いし」

「えーと、それから……」

そうやって、自分が「すごくない」理由は、いくらでも思いついてしまうのですね。

実は、これが典型的ながんばる人。真面目《まじめ》で成長意欲が高いんですね。だから、つい自分で自分に〝ダメ出し〟してしまう。「こんなにダメな自分」だからこそ、「がんばらないと、認めてもらえない」と思ってしまうのです。

この前提をつくるひとつの要因が、小さい頃、親にほめられて育ったことにあります。

ほめて育てるのは、いいことでしょ。

そう思われるかもしれません。

確かに、ほめるのはいいことです。でも、そのほめ方が問題です。

「テスト、よくできたね」で、ほめる。

「ちゃんとお片づけができたわね」で、ほめる。

「挨拶《あいさつ》できて、えらいわね」で、ほめる。

そんなふうに、「がんばったから、ほめる」「できたから、ほめる」と、条件つきでほめる親が多いのです。

こうした記憶は、子ども時代の僕たちの心に強烈に刻まれます。

テストで一〇〇点とったら、ほめられた。

でも、九〇点とったら、残念そうな顔をされた。

「そうか。やっぱりがんばらないと、ダメなんだ」

「がんばらないと、おかあさんに嫌われちゃう」

そんな恐怖心がペタッとはりついて、それは、大人になってもはがれません。

認めてほしくて、走り続ける。

認められるのがうれしくて、走り続ける。

そして、認められなくなるのが恐くて、走るのをやめられない。

がんばっても、がんばらなくても。

失敗しても、問題を起こしても。

親が、無条件で「あなたは、素晴らしい」と、自分の存在をまるごと認めてくれていれば……。僕たちは、こんなにヘトヘトになるまで、がんばり続けなくてもよかったのかもしれません。

でもそれはあくまでも理想です。

現代社会に生きていたら、たいていの親が、わが子には「がんばれ!」のメッセージを送ってしまうのも仕方ないことです。

そこをほじくり返して「トラウマになった」と嘆《なげ》いたり、親のせいにして責めても前に進めないんです。

だったら、今からでも、自分が自分を、無条件でまるごと認めてしまえばいい。

「がんばらなくても、私はすごい!」

そう思うだけでいいのです。

劣等感にしばられるのは、もうやめよう

断食を通して、気づいたこと。

それは、自分の価値は自分のなかに「すでにある」ということでした。

そして、がんばらなくても大勢の人が集まってくれた、あのセミナー。

この二つの体験から、僕も変わりはじめました。

「ここがダメ」

「これができない」

と、自分の欠点ばかりを数えあげるのは、もうやめよう。

あるとき、決めたのです。

「自分は、すごいんだ！」と、「決めた」のです。

それからは、仕事のやり方もまったく変わりました。

ひとことで言えば、「好きなようにやる」ということでしょうか。

たとえば、後輩の心理カウンセラーを育てるために、京都と東京の二カ所で開催していたスクール。

この会場も、京都の一カ所だけにしぼりました。

なぜなら、僕の拠点が京都だから。

正直、「東京へ行くのがめんどくさい」というのもありましたし、移動は疲れます。

わざわざ東京でもスクールをやっていたのは、僕のなかに「人に媚《こ》びる」気持ちがあったからだと気づいたからです。

「（こんな自分のために）わざわざ京都まできてもらうのは、申し訳ない」

「（こんな自分だから）がんばって、みなさんの元へ駆けつけますよ」

「媚び」が生まれるのは、やはり、自分で自分を「この程度の人間」と低く見積もっているからです。

これでは、「こんな自分のために、わざわざ遠いところまでスミマセンねぇ」なんて、卑屈《ひくつ》になってペコペコ頭を下げているようなもの。そんな講師のレクチャーを受けたい人なんて、誰もいません。

だから、前提を変えたのです。

「自分は、すごいんだ！」って。

すると、自然に「東京のスクールはやめよう」と結論が出たのです。

僕は経営者でもあります。会社として売り上げのことを考えれば、本当は二カ所でやったほうがいいに決まっています。

でも、自分の本音に従って、やりたいことを、やりたいようにやってみようと思ったのです。

そう思うと、卑屈モードからは抜け出せても、かわりに傲慢《ごうまん》になるんじゃない？

そんな心配をする人もいるかもしれません。

でも、逆なんです。

なにしろ、自分で自分を「すごい！」と思えるのですから、もう人に「すごい！」と思ってもらう必要はありません。

エラそうに虚勢をはることもない。卑屈になることもない。ニセモノの「謙虚」もいらない。

「ふつう」でいられるんです。

卑屈モードを隠しているからこそ、傲慢になるのです。

「私はすごい！」と思うだけで、人生がブレークする

さて、売り上げ半減（！）を覚悟で「スクールは京都のみ」を宣言してしまったわけですが、ふたを開けてみれば、京都のスクールに大勢の方がきてくださる結果となり、売り上げはそれまで以上になりました。

その後もスクールや、セミナーの希望者は増え続けるばかりです。

仕事がラクになって売り上げが倍に増えるのです。

そして、一年前に出した本が突然売れはじめ、それまで以上に出版のオファーが殺到しました。

自分で自分を認めていれば、誰かに、

「心屋仁之助って人、すごいよ」

「あの人の本、おもしろいよ」と言ってもらいたくて、がんばる必要がありません。だって、たとえ証拠はなくてもすごいんですもの。

だから、
がんばって書かない。
がんばって宣伝しない。

僕は、がんばらない人になりました。
けれど、ちっともがんばってないのに、おかげさまで、本は売れ、テレビに出演する機会もいただきました。
次から次へと目の前に新しい扉があらわれ、それが自動的に開きはじめたのです。

もともとビジネスマンですから、心理学を専門的に学んできたわけではありません。

カウンセラーとしては、遅まきのスタートです。

特別な能力や才能があるわけでもありません。

そんな僕が扉を開くことができたのは、たったひとつのことに気づいたからだと思っています。

それが、これまで書いてきたように、「自分は、すごい！」という前提をもつことなのです。

「自分は、すごい！」

ただ、そう思うだけ。

実績もなく、そう思えなくても「そういうことにした」のです。

それだけで、人生のブレーキがはずれます。

能力を磨いたり、何かを手に入れたり、まわりの人を変えたりしなくていい。

ただ、思うだけで、人生にミラクルが起きるのです。

大げさですか？　でも、これ、本当のことなんです。
ウソかホントか、ぜひ、やってみましょうよ。
次の章からは、さらにこの方法を深く説明していきたいと思います。

第 1 章 の ま と め

◎がんばるのは、「自分には価値がない」という前提をもっていたから。

◎あなたが他人から認められないのは、あなたが自分を認めていないから。

◎自分の評価は、自分で決めていい。
「自分はがんばらなくてもすごい！」と思う。

◎子どもの頃、がんばったときだけ親にほめられた体験がある人は、大人になってもほめられたくて走り続けてしまう。

◎真面目で成長意欲の高い人は、自分の欠点ばかりを見つけてしまう。
これからは、自分で自分を無条件に認めよう。

◎がんばるのをやめると、人生にミラクルが起きる。

第2章

〝そこそこ人生〟を一瞬で変える魔法

根拠はなくても、「私は、すごい！」ということにする

「自分は、すごい！」「がんばらなくても、認められる人間なんだ」

と、前提を変えたら、僕の人生が突然上向いた！

そこまでが第1章のお話でした。

でも、この段階では、まだ、

「心屋さんはそうでも、私は自分のこと、ぜんぜんすごいと思えません！」（キッパリ）

なんていう人が大半じゃないでしょうか。

まあ、そうかもしれません。

そんなに簡単に思えたら、誰も苦労はしないからね。

「じゃあさ。すごくなくても、『すごい、ということ』にしてみたら?」

すると、またまた反論の声。

「『ということ』になんか、できません!」

う~ん。どこまでも、かたくななんですね(笑)。

セルフイメージのあなたは、アテにならない〝架空の人〟

では、「自分はすごい、ということ」にできない理由は何なのでしょう?

「『すごい』という根拠がないからです」

そこで、僕はこう質問します。

「なるほど。じゃあ、『すごくない』根拠はあるんですか?」

すると、たいていの人は「えっ!? ……」。一瞬、言葉につまります。

そう。「自分は、すごい！」という根拠はないかもしれません。

でも、「自分は、すごくない」という根拠も、実は、あんまりないのです。

もちろん、あれができない、これができない、というものもたくさんあるでしょう。でもそれさえも、「すごくない」の根拠としては実は弱いのです。そして逆に、けっこう〝できていること〟もいっぱいあるはずなのです。

なのに、「すごくない」と信じているのです。だから「すごい」と信じられない。

僕たちには、自分のことは見えません。

だから、これまでの体験や人に言われたことを総合して、なんとなく「自分はこんな人間」だというイメージをつくりあげています。

これが、セルフイメージです。

しかし、セルフイメージが描いたあなたは、「イメージ」という言葉どおり、〝想像上の人物〟。架空の人なんです。

過去の「ほめられた」「認められた」のポジティブな記憶だけをつなぎ合わせれば「素晴らしい自分」ができあがるし、「バカにされた」「叱《しか》られた」のネガティブな記憶だけをつなぎ合わせれば「ダメで、魅力のない自分」ができあがる。

それだけのこと。いったい、いつからそんなふうに思いはじめたのでしょう。

「どうせ、私なんて……」と自分を卑下《ひげ》しているあなた。

「あなたは、ホント、素晴らしいね、すごいね」

とほめられたことがあるのに、その記憶をなかったことにして封印していませんか？

さかのぼれば、一人か二人の人間にイヤなことを言われただけなのに、それを気にして、引きずっているだけではありませんか？

セルフイメージなんて、あんまりアテにならないものですよ。

だから、「自分は、すごくない」という根拠も、あいまいというわけです。

「すごい」

「すごくない」

どちらもあまり根拠がないなら、「すごい」ほうの自分を信じればいい。

それが「ことにする」なんです。今までは「すごくない」「ことにして」いただけなのですから。

「すごい」ほうの自分を信じてみる

「がんばっても、どうせ給料は上がらない」ってホント？

「わかりました。じゃあ、『私は素晴らしい』ってことにします。でも、会社員ですから、いくらがんばっても、どうせ給料は上がりませんよね？」

そんな質問も多いです。

わかりませんよ。

あなたが常識で「こうでしょ」と思っていることには、山ほど「例外」があります。

たとえば、ふつうのサラリーマンが、自社株を売買するストックオプションで〝億万長者〟になった、なんてケースは、国内外で実際にあった話。

サラリーマンをやりながら本を書いて、それが大ベストセラーになって、お金持ちになった人だっています。

僕たちが頭で考える世界は、氷山の一角。

世の中は、むしろ常識を超えたことや、信じられないことのほうが多く起こっているのです。

僕はかつて二年ほど、テレビに出演させていただきましたが、これだって「ウッソー！」みたいなお話です。

なぜって、当時の僕は、べつに有名でも大御所でもなんでもない、地方在住のごくふつうのカウンセラーだったからです。

そんな僕を、テレビ局の方が見つけてくれて、しかも、どういうわけか、いいポジションに置いて大切に扱ってくださった！

こんなの、例外中の例外です。僕にとっても「ありえない」ことでした。

あなたに例外が起こらないのは、「どうせ、給料は上がらない」と、頭で決めつけているからです。あなたの常識で、「世の中、そういうもの」と思い込んでいるからです。自分の年収は自分で決めているんです。

思い込みを捨てましょう。

「自分は、すごい！」

そういうことに、してみてください。

「なんか知らんけど」、いいことが起こります。

「『そういうことにする』だけで、どうして本当にすごいことが起こるんですか？」

そう聞かれたら、僕はこう答えるしかありません。

「なんか知らんけど」

たとえば、僕の本を大勢の方が買ってくださること。

それも「なんか知らんけど」なんです。

僕だけじゃありません。

売れた商品、ヒットした映画、突然ブレークした人……。

きっと、みんな「なんか知らんけど、そうなった」のだと思います。

タイトルや名前が、よかった。

売り出すタイミングが、よかった。

今の時代に合っていた。

など、後で考えれば、ヒットの理由はいろいろあるでしょう。

でも、そんなことは、最初からみんな考えていたはずです。

誰だって「どうしたらヒットするか、売れるか」を真剣に分析し、考慮を重ねたうえで、商品や作品を世に送り出しているはずなのです。

それなのに、「売れるもの」と「売れないもの」がある。

「その違いは何?」と聞かれれば、やっぱり最後は「なんか知らんけど」としか言いようがない。

同じようなイタリアンレストランがあったとします。

立地もふんいきもよく似た感じ。でも片方は流行《はや》っている、片方はお客さんが入らない。

なぜだろう? どっちのお店も美味《おい》しいのに……。

それも、やっぱり「なんか知らんけど」の世界です。

つまり、僕たちが頭で考えて答えが出せる世界なんて、ごくわずかだということ。

その先には、果てしない「なんか知らんけど」ワールドが広がっているのです。

望みを叶《かな》える方法は、理屈じゃない

認めてほしい。
人生をブレークさせたい。
お金持ちになりたい。
人気者になりたい。
報われたい。
給料を上げたい。
トップセールスマンになりたい。
独立して起業したい。
愛されたい。

なんでもいい。あなたの望みを叶えるには、理屈はいりません。

「なんか知らんけど、そうなる」

「なんか知らんけど、そうならない」

その二つの道があったら、「なんか知らんけど、そうなる」ほうの道を選べばいいだけのことなのです。根拠なんてなくていいのです。


それだけで、想像を超えた魔法がかかります。

そのミラクルを起こす秘訣《ひけつ》が、これまでずっと書き続けてきたこと。

「自分はすごい！　ことにする」なんです。すると「すごい！」結果が出る。


それは、テレビのチャンネルを選ぶのと似ています。

あなたがリモコンで「4」の番号を押せば、「4」チャンネルの番組が映ります。


なんでつくの？

って、専門家でもなければ、説明できませんよね。でも、押せばつくんです。
それでいいじゃないですか。

「自分はすごい！　ことにする」だけですから、簡単です。
なんのリスクもありません。
がんばる必要もありません。
ノーリスク・ノーがんばり・スーパーハイリターン！
こんなラクでおトクなことはない。だから、僕もやってみました。

「なんか知らんけど、
どうやら、自分はすごくて、素晴らしい！
ということにしよう」

これだけで、僕の人生にもミラクルが起こったというわけなのです。

なんか知らんけど、そうなる

「そういうことにする」だけで、望みが叶う!?

まだまだ半信半疑のあなたのために、ここでひとつ、おもしろいエピソードをお話ししましょう。


僕は、足が短いんです……と、思っていました（笑）。

だから、それを隠すために、これまで、いろいろな努力を続けてきました。

足が長く見えるズボン、足が長く見える靴……。まあ、虚《むな》しい努力ですね。

でも、あるとき、僕はこう決めたんです。

「自分の足は長い。ということにしよう！」

なにしろ、「ことにする」は、僕の人生にミラクルを起こしてくれた理論ですからね。足にも魔法をかけてみようというわけです。

たまたま京都の町をぶらぶら歩いていたときでした。

パッと見て、「すごくいいな」と思えるジーンズを発見しました。

それまでの僕は、「足が短い」のがコンプレックスなわけだから、試着するのがイヤでした。

「半分くらいの長さに切られちゃったら、恥ずかしい」

僕は、〝いいカッコしい〟なんです。

チラッと見たら、その店のジーンズはオランダ製。オランダ人は、足が長いに決まっています。しかも店員さんは、そういうときに限って、若くてかわいい女性ではないですか。

ますます恥ずかしい。どうしよう……。

一瞬、躊躇《ちゅうちょ》。しかし、そこで思い出しました。

「そうだ。足が長いことにしようと決めたんだっけ」

そこで、「ええい！」と覚悟を決めました。思いきって試着したのです。

すると、なんとそのジーンズ、僕の足にぴったりだった！

えっ、まさか⁉

驚く僕に、さらに店員さんが、衝撃的なひとことをくれました。

「足、長いですねー！」

信じてください。全部本当の話なんです。それ以来足長いねって、よく言われるようになりました。

「ことにする」って、ものすごい威力です。

知り合いの女性のなかには、こんな体験をした人もいます。

ヘンな話、彼女は、胸が小さいのがコンプレックスだったそうです。

で、あるとき、〝「ことにする」理論〟を試したくて、「私は胸が大きい」ということにした」んだとか。

まわりの友人たちからは、最初、「エーッ、それはちょっとムリがあるでしょう」と笑われたそうです。彼女は、少年っぽいスリムな体型の人だからです。

しかし、なんと、ここにもミラクルが起きました。

気がつくと、同じ女性同士で「なんか形がいいみたい」「バランスがいいよね」とほめられることが多くなりました。

そして、ある日、ついに「胸、大きくてうらやましいわ」と言われたというのです！

あなたが「すごい！」証拠はどんどん集まってくる

このように、「ことにする」を実践してみると、望みが叶う「証拠」が続々と集まりはじめます。

みなさんも、ぜひこの魔法を試してみてください。

「私は速く走れる、ことにした」でもいい。

「私はモテる、ことにした」でもいい。

小さなこと、バカバカしいこと。なんでもいいのです。


あなたが、「なりたいもの」を「すでに、そうである」「すでに、そうなっている」ことにしてしまって口に出すのです。すると「そうである」ことに気づけるのです。


最初は、ゲーム感覚でやってみてもいい。

僕の経験では、早くて二十四時間以内、遅くても三日以内には「これが証拠かな？」と思えるような出来事が起こるはず。

本当に走るタイムが上がらなくても、誰かに「速いね」と言われる。

モテモテ、とまではいかなくても、やたらと異性の友だちから電話やメールがくる。

そんなことも証拠と受けとっていいでしょう。

何が起こるか、ワクワクしながら待つのも、また楽しいものです。

「自分は、すごい！」の証拠が集まり出せば、最初は「自分はすごい、ことにした」だけのつもりが、「すごいかも」に変わります。

もっと証拠が集まれば、「すごいかも」が、「うん、やっぱりすごい」の確信に変わります。

そうなれば、スイッチが切り替わります。

「私は、すごい！」が、ごく自然にあなたの前提になるのです。

「どうせ、私はすごいわよ」を口グセにする

あなたはすごい！　最高！　認められる価値がある！

本当は、その証拠は、これまでも身のまわりにいくらでもありました。

でも、それに気づかなかっただけ。

その代わり、「ダメな自分」の証拠集めなら、名探偵ばりだったり。

「ほら、またイヤな顔された。やっぱり私って空気読めないの」

「ほら、今、無視された。やっぱり嫌われてるでしょ」

なんて。

そんなあなたの口グセは、

「どうせ、私なんか……」ではありませんか？

「いいんです。どうせ、私なんか……」

そう言いながら、キョロキョロと「ダメな自分」の証拠を一生懸命探している。


その情報収集能力をべつのほうに使うのです。

「どうせ、私なんて……」と思いかけたら、こう言い直しましょう。

「どうせ、私はすごいわよ」

これだけで、人生は変わります。

「どうせ、私は愛されている」
「どうせ、私は認められる」
「どうせ、私は素晴らしい」

ということに、してしまいましょう。

「ダメな自分」を見つけたとしても「ダメな自分も、素晴らしい」で、いいのです。

声に出して言うと効《き》く、魔法の言葉

「そういうことにする」

が、現実に「そうなる」ためには、実際に、声に出して言ってみるのが効果的です。

たとえば、あなたが美容師さんだったとします。

こんな言葉を口に出して言ってみてください。

「私は、カリスマ美容師、ということにしよう」

「私は、お客さんから指名されまくりの美容師、ということにしよう」

さて、どんな気持ち？

恥ずかしい？

ちょっとテンションが上がる？

口に出したとき、「恥ずかしい」という気持ちになった言葉ほど、あなたにとって重要です。それが、あなたの成長をブロックしている可能性があるからです。

本当はカリスマ美容師になりたい。

お客さんから指名されまくりの売れっ子になりたい。

でも、恥ずかしいから、「そうじゃない、ことにしている」んです。

売れない美容師、評価されない美容師におさまろうとしているんですね。ヘンな話でしょ？

たとえどんなにがんばっていたとしても、自分で自分を「評価されない、ことにしている」のですから、人からも評価されないのはあたりまえです。評価されているのに受けとらないのです。

「恥ずかしい」と感じた言葉こそ、あなたの本音。

あなたが、ホントに望んでいるあなたの姿です。

さあ、言ってみましょう。

「どうせ私は、みんなに認められる男（女）」
「どうせ私は、美人でモテモテなの」
「どうせ私は、リッチで贅沢《ぜいたく》が似合う女なの」
「どうせ俺は、仕事がバリバリできる男」

それがあなたの望みなら、「そういうこと」「すでにそうである」にしていいんです。

ブロックがはずれて、「なんか知らんけど」そうなってしまうはずです。

自分で限界を決めない。
心のブロックをはずそう

自信は、「がんばって」つけるものじゃない

「どうせ私は、すごい！」

が言えないという人が、こんな宣言をしました。

「自信をもって言えるようになるまで、がんばります！」

えー！　それ、逆ですから。


多くの人が、こう考えています。

自分に自信をもつ方法は、「好きな自分」「誇れる自分」にまずなること。

だから、がんばって資格をとらなくちゃ。

徹夜して、がんばって勉強するべき、ダメな自分を克服したい。

努力して、もっと才能を磨きたい、結果を残したい。

そうでないと、自信はつかないと思っているんです。

前にも書きましたが、僕もそうでした。

自信がないから、自分の足りないところ、ダメなところを一生懸命埋めようとがんばった。でも、どんなにがんばっても、上には上がいる。

まだ、足りない。まだ何か足さなくっちゃ。

能力や知識、才能を身につけることでしか、自信はつかないと思っていたからです。

これが「条件つきの自信」です。

でも、自信は、足し算じゃ生まれないんです。

むしろ、どんどん引いて、引いて……。

資格もない、人に誇れる長所もない、誰かに自慢できる特技もない。

そんな自分も「認める」ということ。

「条件つきでない自信」です。


弱い自分。

ダメな自分。

不器用でおもしろみのない自分。

そんな自分も「それでいいんだ」と「許す」ということ。


自信は、ありのままの自分を「それでも、私はすごいんだ」と思うところからしか生まれません。

がんばったから、自信がつくんじゃない。

「自分は、すごい」と思えるから、自信がつく。

だから、逆なんです。

どんな自分でも「すごい」と思ってみるんです。

いつまでたっても〝自信探し〟の旅を続ける人になってしまうのでは、楽しくないよね。

〝そこそこ〟人生からは卒業。みんな、もっと飛躍できる

さて、これまで、あなたががんばって手に入れようとしてきたものは、何ですか？

社内でのいい評価？

お金？

人気？

自由？

愛情？

何を求めているにしろ、手に入れるためには、なんでも「思うこと」「思って

みること」が先。

前項の「自信のつけ方」と同じです。

「がんばれば、手に入る」んじゃない。

「自分は、すごい」と思うから、それに「ふさわしいもの」が手に入る。

現実は、思いに引っぱられてやってくるのです。

「あれ。それって、よく聞く〝引き寄せの法則〟と同じ？」

うーん、そうですね。でも、それとはちょっと違います。

確かに、イメージしたことは現実になるかもしれません。

僕もよくやりました。

イメージは、具体的に描けば描くほど現実化するのが早いと聞きかじり、ほしいものをリストアップしてみたこともあります。

「こんな人間になりたい」という理想像も、リストにまとめてみました。

リストをつくると目標が明確になります。だから、それに向かってがんばれる。

というわけで、やってみると、そこそこは実現します。

がんばって、ちょっとムリして……。なんとか、たどり着けるんです。

でも、手に入ったものは、あくまでも自分のイメージの範囲でしかありません。

「あれだけがんばったんだから、こうなるのは、あたりまえだよなぁ」程度。

想定内の達成感なんです。

たとえば、がんばって身を粉《こ》にして働いて。

がんばって、生活を切り詰めて。

やっと手に入れたマイホーム！

って、それ、なんだか「あたりまえ」じゃないですか？　しかも、手に入れた瞬間から、「もっと上」があることに愕然《がくぜん》とするのです。

「人間の可能性は、無限大」と、よく言われます。

だったら、手に入れられるものも無限大。

豊かさも、幸せも無限大。

僕たちは、「あたりまえ」をはるかに超えて、もっと大きな飛躍ができる存在じゃないでしょうか。

だから、リストづくりはやめました。

その代わり選んだのが、「なんか知らんけど」のミラクルな世界だったのです。

チャンネルを変えたのです。

「がんばって、ほしいものを手に入れる」チャンネルから、

「なんか知らんけど、そうなる」チャンネルへ。

そして、「自分は、売れる」ということにしようと、ただ決めただけ。

それだけで、あとは、なりゆき任せでした。


「本は、〇万部売ろう」

「講演会には、〇百人呼ぼう」

などと、数値目標をあげるのもやめました。自分の頭で自分の限界を決めてしまうと、それ以上にはならないからです。

すると、あるとき、ポンと天井を突き抜けた。

想像をはるかに超えた数のみなさんが、僕の本を手にとってくださり、講演会にも足を運んでくださるようになったのです。

これが「なんか知らんけど」ワールドのおもしろさなんです。

みなさんも、数字の目標を決めるのはやめたほうがいい。

「私が企画した新製品。三〇〇〇個は売ってみせる！」

「給料を、二万円上げてもらう」

「一日で一〇人のお客さまに、営業しよう」

そんなふうに決めてしまうと、自分のキャパシティが限定されてしまいます。

目標の数字を達成できなければ、ガッカリ。

一つでも二つでも上回れば、ヤッター！

なんて、いちいち「いいこと」と「悪いこと」に振り分けて一喜一憂《いっきいちゆう》する世界は、疲れます。

雨の日も晴れの日もある。そして、「自分はすごい」のだからそんなことでいちいち反応しなくていい。

今の自分が気づかなくても自分の可能性はもっともっとあるのだと信じているだけでいいようです。

自分で勝手に限界を決めたらアカン！

限界を、ポーンと飛び越えましょう。

「いいこと続き」の世界は、きっとある！　……ことにして、次の章へいきましょう。

第 2 章のまとめ

◎「自分はすごい！」も「自分はすごくない」も、どちらも根拠はない。
ならば、「自分はすごい！」を選ぶほうがいい。

◎「自分はすごい！」と思えないなら、「すごいということ」にしてみる。

◎常識には、山ほど「例外」がある。

◎「そういうことにする」だけで、「なんか知らんけど」望みが叶う。
「自分はすごい」という証拠が集まってくる。

◎望みを口に出して言ってみたとき、「恥ずかしい気持ち」になった言葉ほど、自分の成長をブロックしている重要な言葉。

◎できたから自信がつくのではない。

第3章

がんばらなければ、うまくいく

報われなければ、「逆」をやる

がんばってるのに、報われない……。

その理由は、がんばる「から」です。

がんばるあなたは、「ほら、私って、がんばらないと価値がない人間だから」と、まわりの人に公言しているようなもの。

だから、みんなも、「なるほど。価値がないのね」と、あなたの存在をスルーしてきました。

さて、ここまでが、これまでの章のお話です。

では、どうしたら報われるのでしょう?

単純です。がんばらなければいいのです。

家でゴロゴロしながらマンガを読んでいる。
緊張すると、ミスしてしまう。
時々、人に嫉妬《しっと》してしまう。
どんなあなたも、存在そのものに価値がある。
だから、がんばらなくていい。
だって、がんばらなくても、あなたはすごいんだもの。
そう思えなくても、それは「決まっている」ことなのです。

もっと、シンプルに考えてみましょう。
これまで「よかれ」と思ってがんばってきたのに、報われなかったんです。
だったら、逆をやればいいってこと。
がんばる→がんばらない。
それだけ。

いちばん「恐いこと」をやってみる

でも、たいていの人は、いきなり「がんばらなくて、いいんだよ」と言われると、「えっ……」っと、かたまってしまいます。

がんばらないと、嫌われる。
がんばらないと、怒られる。
がんばらないと、バカにされる。

そんな〝恐怖マインド〟にしばられてきたからです。
がんばらないと、本当の自分がバレて「えらいめ」にあうと思い込んでいるのです。

がんばらないと決めたら、あえて、「えらいめ」にあってみようじゃないですか。

あえて、その「恐いこと」をやってしまうのです。〝本当の自分〟をやってみるのです。

嫌われる、怒られる、バカにされる……。

それで、いいんです！　だって、「逆」をやるんですから。

これまでと同じことをしていたら、変わりたくても、変われません。勇気を出して、いちばん「恐いこと」をしてしまいましょう。

この恐怖を乗りこえることができた人だけが、自分を花開かせる次のステージへ行けるのです。

がんばらないコツ①断る

僕にとっていちばん「恐い」のは、仕事を断ることでした。

会社をやめて起業したのですから、これまでのように、会社から毎月決まったお給料をもらえる身ではありません。

いただいた仕事を断るなんて、とんでもない！


断ったら、二度と依頼されないんじゃないか。

断ったら、相手の顔をつぶすんじゃないか。

断ったら、傲慢《ごうまん》だと思われるんじゃないか。

断ったら、お金が入らなくなるんじゃないか。

考えただけでオソロシイ……。

僕のように起業した人や個人商店の経営者、それに芸能人やフリーランスで働く方々も、この気持ちは同じじゃないでしょうか。

仕事がきた→うれしい。

仕事がこない→干された？　どうしよう……。

天国へ昇るか、地獄へ落ちるか。自分の運命を左右するのは、あくまでも相手。

だから、急ぎの仕事にも、理不尽な要求にも笑って対応。

「そこをなんとか」と頼まれると、なんとかしちゃう。これなら、会社勤めのときと何も変わらない。

ところが、いくらがんばっても、相手は「それがあたりまえ」という顔です。

こちらが期待するほど「素晴らしい！」とほめてくれるわけでも、「よくやった！」と、たくさんお金を払ってくれるわけでもないのです。

「そうなんですよ」

知人で、フリーランスのライターの女性が、憮然《ぶぜん》として言いました。

「休日も返上。何日も徹夜して原稿を書き上げたのに、『ああ、ご苦労さま』程度のそっけないメールの返信ひとつで終わり。収入もぜんぜん増えません」

うん、わかります。でも、報われないのは、あなた自身が「報われないことにしている」からなんです。

しつこいほどに、何度も書きます。

「お客さまは神さまです」とばかりに、依頼された仕事をすべて受けてしまう。それは、「私には、断る価値がない」と言っているのと同じなんです。

あるとき、それに気づいた僕は、「自分はすごい、ことにしよう」と決めました。

もうがんばりすぎない。仕事を、やりすぎない。

第1章に書いた「断食《だんじき》」みたいなものです。

からだには、すでに十分な栄養が蓄えられているのです。だから、それ以上は必要ない。「ごはん食べなきゃ、死ぬ」の恐怖は、幻想にすぎません。

「断・仕事」です。

「必要なのは、仕事を断ること。断って、断って、半分くらいに減らしちゃえ！　そうすれば絶対に大切にされるし、収入もドーンと上がるからさ」

ライターの女性には、そうアドバイスしました。

すると、「う〜ん。やっぱり恐いなぁ」と彼女。

「今がお金持ちで売れっ子なら、断っても平気だけど。私は違うから……」

そこがみなさんのカン違いです。

実は、それも逆なんです。

お金持ちで売れっ子だから、断るんじゃない。

断るから、お金持ちで売れっ子になるんです。

この理論に、僕は自信をもっています。ホントにホント。

「なんか知らんけど」、そうなっちゃう。

これが、テレビのリモコンの「4」を押せば、「4」チャンネルの番組が映る法則なのです。


実際、このライターの女性は、僕の話を聞いた後、仕事を「断る」を実践したところ、たった一カ月で効果があらわれたそうです。

「最初は、かなり勇気がいりました。でも、覚悟を決めて依頼された仕事を三つ、立て続けにお断りしたんです」

なかには条件のいい仕事もあったといいます。

「でも、断ってみたら、想像した以上に爽快《そうかい》でした。先方も『あっ、じゃあ、次よろしく』とあっさりしたもの。『嫌われたらどうしよう……』とビクビクしていたのは、こちらの勝手な取り越し苦労だったんですね。

それに、仕事がくるのをただ待つだけの、受け身だった自分にも気づかされて、フリーになったばかりの頃のヤル気満々だった初心にかえることができました」

とのこと。そんな彼女には、その後、新しいチャレンジともいえそうな大きな仕事が舞い込んだというのです。

がんばらないコツ②サボる、怠《なま》ける、ちゃんとしない

会社や組織で働く人も同じです。

「私ばっかり、大変な仕事を押しつけられるんです」と言う人。

やりたくないなら、断りましょう。

サボってもいい、怠けてもいい。ちゃんとしてなくていいのです。

そう言うと、たいてい大ブーイングが起こります。

「えっ！　だってサボったら、上司から怒鳴《どな》られるだけですよ」

「そんなことしたら、〝仕事がデキないやつ〟のらく印を押されちゃう」

「リストラされたら、どうするんですか！」

確かに、そうなったら恐いですね。

でも、大丈夫。サボっても怠けても、あなたの評価は下がりません。

いや、むしろ逆。サボったほうが、認められるのです。


自分ばっかり、仕事を押しつけられる……。

そう感じているかもしれませんが、本当に押しつけられているのでしょうか？

責任感の強いあなたのことです。もしかすると、自分から「私がやります！」と手を挙げて、がんばっているのではないですか？　勝手に仕事を抱え込んで「私にしかできない」と実はマンゾクしていませんか？

あなたがひとりで奮闘すれば、まわりの人は「じゃあ、どうぞがんばってください」と、机にかじりつくあなたを尻目《しりめ》に、定時でさっさと帰ります。

「え〜！　ズルイよ、みんなぁ。私ばっかり……」

と不満に思うかもしれません。

でも、それもあなたが引き起こしたこと。

あなたががんばっているから、まわりの人が、がんばれないのです。

気づいてください。

自分が、がんばれば、がんばるほど、まわりの人を無能にしてしまうことに。

たとえば、喫茶店で「美味《おい》しいコーヒーなら、私、いれますから」と、ズカズカと厨房《ちゅうぼう》に入っていったらどうでしょう？

お店の人は、気分が悪いですよね。

だって、「あなたには美味しいコーヒーをいれる能力はない。だから、私がやるわ」と、言われたようなものなのだから。

それでは、いくらあなたがいれたコーヒーが美味しくても、あなた自身のことは誰も評価してくれません。逆にウザイ。

それと同じです。

「私、やります！」

「私、がんばります！」

「私が、なんとかします！」

言えば言うほど、まわりの人は「自分たちは、信用されていない」とガッカリします。ヤル気を奪われてしまうのです。

だから、あなたはサボっていい。いや、どんどんサボりましょう。

「しょうがないな。あいつ、またサボってるよ。どれ、手伝ってやるか」

と、まわりの人が力を出せるからです。

手伝ってもらえれば、あなたもうれしい。

「ありがとう！」と感謝すれば、手伝ってくれた人もうれしくなる。

不思議です。〝デキない人〟になったほうが、みんなに喜ばれ、好かれるのです。

あなたががんばると、
まわりの人が、がんばれない

がんばらないコツ③人に迷惑をかける

「人に迷惑をかけてはいけません」

子どもの頃から、親にそう言われて育ってきませんでしたか？

だから、ひとりで悩みも仕事も抱え込む。

困っていても「助けて」のひとことが言えなくなる。

「迷惑」＝「悪いこと」だと、すり込まれてきたからです。


でも、迷惑をかけられて、喜んでくれる人だっています。

たとえば、計算が得意な人は、「私、数字が苦手なの。悪いけど、これ、お願いしてもいい？」と頼まれれば、いい気分。

パソコンが得意な人は、「教えてください」と頼まれれば、口では「えー！

忙しいんだけど」と文句を言いつつ、内心、ちょっとワクワクするのです。

「ハタ迷惑なやっちゃなぁ」

そういう人、僕も嫌いじゃありません。

だって迷惑をかけてくれるおかげで、自分が役立つ人間のように思えるから。


がんばる人は、がんばらない人を見るとイラッとします。

「なんであの人、何回教えてもわからないんだろう?」

「なんであの人、あんなに簡単なことができないんだろう?」

「あー、迷惑!」

でも、自分が迷惑な人になってしまえば、人から迷惑をかけられることにも、「お互いさま」と、寛大になれるのです。初めて、本当の「ありがとう」が言えるのです。

だから、心がいつも平穏で、ストレスもたまりにくくなります。

人に迷惑をかける、助けてもらう、甘える。

「そういう人」になる覚悟を決めましょう。

生きるのが、ずっとラクになるはずです。

がんばらないコツ④「助けさせてあげる」と思う

こんな話があります。

「お腹《なか》がすいている人に、魚を与えるのは不親切。大切なのは、これからもずっとお腹がすかないように、魚の釣《つ》り方を教えてあげることだ」

カウンセリングの現場でも、よく、これと同じようなことが言われます。

「悩んでいる人には、答えを教えるのではなく、問題の解決方法を教えてあげよう」

なるほどね。

お腹がすいたとき、困ったとき、そのつど人に頼むのではなく、自分で解決できる人になったほうがいい。そういうことでしょう。

そんな話を知っていたからかもしれません。

僕は自分が困ったとき、本当は「魚がほしい」と言いたかったのですが、それをガマンしたのです。

人が苦労して釣った魚を、努力もせずにいただいちゃうなんて、ズルイのでは？

やっぱり、自分で釣るべきか……。

だから、苦手なことでも、自分でがんばりました。

魚はなんとか釣れましたが、苦しかったし、時間もかかりました。満足感や達成感はありませんでした。

そのとき、ハッと気づいたのです。

そうだ！　釣ってもらえばいいいんだ、と。

魚をもらうのでもない、釣り方を学ぶのでもない。釣ってもらうんだ！

前に書いた、迷惑をかけられて、うれしい人がいるのと同じです。

世の中には、魚を釣るのが大好きな人がいます。

でも、釣りすぎて、自分ひとりじゃ食べきれない。だから、「きみのために、釣らせて、釣らせて！」と言ってくれる人がいるのです。

そんなとき、

「いえ、そんな……。あなたひとりに釣っていただくなんて、お天道《てんとう》さまに申しわけなくて、とても頼めません」

なんてため息つきながら暗～く断っても、誰のためにもなりません。

だったら、その人が「大好き」なことをやってもらいましょう。

「助けてもらう」という卑屈《ひくつ》モードではなく、「助けさせてあげる」くらいの明るい気分でいいのです。

「あら、そう。じゃあ、釣らせてあげてもよくってよ！　オホホ……」

ぐらいで、あなたには丁度《ちょうど》いいのです。

そうしていると、もうありがたくて、感謝「しなきゃ」ではなく、勝手に感謝が「あふれ出してくる」のです。

魚をもらうのではなく、
魚を釣ってもらえばいい

がんばらないコツ⑤テキトーにやる

僕は、心理カウンセラーを育成するスクール「心屋塾」の仕事もしています。

自分自身は、苦労して独学を重ねてきました。

だから、後輩には、「あれを勉強してほしい」「これも覚えておいてソンはない」とばかりに、教えたいことだらけ。

最初は、「よかれ」と思い、カリキュラムも一から十まで懇切ていねい。ギュウギュウ詰めの内容でした。


それこそ、手取り足取り。がんばって教えました。

しかし、がんばっているのに、生徒がなかなか育ってくれないのです。

待てよ。これも、がんばりすぎか？

あるとき、思いきってカリキュラムを半分に減らしてみました。
すると、それだけでみんなの能力が、一気にアップ。それぞれが持ち味をいかして、〝その人らしい〟成長を見せてくれたのです。

やっぱり、これも逆でした。
自分ががんばることで、人が育つんじゃない。
ぐうたらで、テキトーで、いい加減。だから、人が育つのです。

あなたの会社にもいませんか？
「なんか、この人、頼りにならないなぁ。大丈夫？」
なんて、こっちがハラハラさせられるような上司。
でも、そんな上司だからこそ、部下が活躍できるのです。
部下が活躍できる会社は、売り上げをどんどん伸ばします。
だから、部下も報われ、上司も報われる。がんばらなくても、みんなが幸せになれるいいスパイラルにのることができるのです。

がんばらないコツ⑥人に任せる

自分が講師をつとめるはずだった東京でのセミナーに、どうしても行けなくなったことがありました。突然の腰痛に見舞われて、動けなくなってしまったのです。

ああ、どうしよう……。

当日のことですから、今さら中止にするわけにもいきません。

そこで、東京在住のスタッフの二人に、急きょ、代役を頼みました。

その日は、一日中ドキドキでした。

「彼女たち、うまくやれているだろうか……」

「お客さんが、『なんだ、心屋仁之助じゃないのか』なんてガッカリして、途中でみんな帰っちゃったりしないだろうか……」

しかし、そんな心配をした自分が恥ずかしい。後で、「思いあがるなよ」と、自分で自分に突っ込みを入れたくなりました。

報告を聞けば、その日は大盛り上がりだったそうです。参加してくださった方々からの評判も上々（むしろ、僕がいないほうがよかったとか〈笑〉）。協力してくれる人がいれば、ちゃんと成果は出せるのです。

むしろ、人に任せたほうがいい結果を生むことのほうが多いのだと気づいたのです。

たとえば、掃除。几帳面《きちょうめん》なあなたが、綿棒を使って、細かいところまで一生懸命時間をかけてきれいにしたとします。

このやり方がいちばん。これが「正解」、と。

しかし、ほかの誰かは、「この洗剤をかけるだけで、三分でピッカピカ」の素晴らしいワザや智恵をもっているかもしれません。

ただ闇雲《やみくも》にひとりでがんばっているだけでは、そんな新しい世界を知るチャンスを逃《のが》してしまうこともあるのです。

だから、僕は決めました。

「よし、みんなにお任せだ！」って。

そして、それに気づかせるために〝腰痛〟という神さまからの〝強制執行〟が行われたのかもしれません。

がんばらないコツ⑦「他力《たりき》」を発動させる

断る、サボる、怠ける、人に迷惑をかける、助けさせてあげる、テキトーにやる、人任せにする……。

ここまで書いてきたことは、あなたのように結果を出すためにいつもがんばってきた真面目《まじめ》な人にとっては、「そんなの、許せない」「ありえない」と思ってきたことばかりではないでしょうか。

もし自分がそんなことをしてしまったら、ダメ人間への道まっしぐらに違いないと。

けれど、その恐怖を「えいっ！」と思いきって捨てると、世界が変わります。

これまで「自力」であっぷあっぷしていたところへ、「なんか知らんけど」、という「他力」という不思議な力がスーッと動き出すのです。

「他力本願《ほんがん》」といえば、一般的には、「自分で努力もしないで人に頼ってばかり」と、悪い意味で使われることがほとんどです。

でも、仏教の本来の言葉では、「他力本願」とは、自力で悟《さと》りを開くのではなく、「他力＝阿弥陀《あみだ》さま（見えない大きな力）」の導きを受けて魂を救済されること。

「他力」とは、とても尊い、人の力なんてとうてい及ばないほどの力なのです。

いくらがんばっても、「自力」の世界には限界があります。

たとえ成功しても、それは手の届く範囲の成功でしかありません。

でも、「他力」が動き出せば、自分の限界を軽く飛び越えられる。想像を超えた世界へ連れて行ってもらえるのです。

ファーストクラスで旅をしていた友人に教えてもらったことですが、空港のラウンジをのぞいてみると、ビジネスクラスのラウンジでは、多くの人が、スーツ姿でパソコンを開き、搭乗までの間も必死になって仕事をしています。

そう、がんばる人、能力の高い人、〝自力〟の人です。

しかし、ファーストクラスのラウンジを見れば、ようすが一変。

たいていの人がカジュアルな服装でくつろぎ、飲み物片手に談笑していたり、ゆったり雑誌を読んでいたり、マッサージにひたっていたりするのです。

「自力」の世界は、がんばっても、ビジネスクラスが限界。

でも、「他力」にのっかれば、がんばらなくてもみんなと一緒に豊かになれる世界へ行けるのです。


僕は、ファーストクラスっていうわけじゃありません。

でも、やはり、「他力」を実感しています。

「しょうがないなぁ、心屋は」

「あぶなっかしくて、見てらんないよ」

ってな感じで、おかげさまで、みんなが助けてくれるようになったのです。


助けられるようになって、今があります。

この「他力」を動かす方法は、たったひとつ。

がんばらないことです。

がんばらないコツ⑧期待にこたえない

大きな仕事を任された。

チームリーダーに抜擢《ばってき》された。

人前で自分の意見や企画を発表する場を与えられた。


そんなとき、真面目な人ほど「ちゃんとしなきゃ」と思います。

「やっぱり、あの人を選んで間違いなかった」

「あの人に頼んだからには、きっと成功間違いなし」

そんな期待に、こたえようとするのです。

みんなから期待される人は、もともと能力がある人です。だから選ばれたのに、それ以上に期待にこたえようとしてしまう。すると、みんなは、またさらに期待をかけます。

「あの人なら、次もやれるはず」

で、こたえる→期待される→こたえる→期待される……。

いつしか、このループにはまっていくというわけです。


ちょっと古い話になりますが、一九六四年の東京オリンピックのマラソン競技で銅メダルをとった円谷《つぶらや》幸吉《こうきち》という選手がいました。

日本中の人々の期待を一身に背負い、みごとそれにこたえた人でした。

しかし、一度メダルをとると、「次」も期待されます。

「次は、メキシコだ。今度は金メダル、がんばれ！」と。

それは、よほど大きなプレッシャーだったのでしょう。

彼は、わずか二十七歳という若さで、自殺してしまったのです。

『父上様　母上様　幸吉は、もうすっかり疲れ切ってしまって走れません』

という一通の遺書を残して……。

僕が相談を受けた人のなかにも、期待にこたえようとがんばって、うつになってしまった人がいます。その方も、やはりもともと才能豊かな人。デキる人ほど、がんばれるから、がんばりすぎてしまうのです。

人から喜ばれればうれしいし、人の役に立つのはいいことです。

しかし、「人の期待にこたえよう」とするのは、気持ちが他人を向いているからです。

つねに、人にどう思われるか気にしてしまう。

人の評価を、自分の価値を決める基準にしているのです。

誰かの期待にこたえなくても、もうあなたは「すごい！」のです。

「あの人の話、案外つまんなかったね」と言われてもいい。

失敗して、大損して、みんなをガッカリさせてもいい。

あなたは存在しているだけで、光り輝いているのです。
人の期待は、人のもの。
あなたがこたえる責任はないことに、早く気づいてください。
「期待にこたえない自分」でいいのです。

「他力」が動き出すと、想像以上の自分になれる

がんばらないコツ⑨ダメな自分を隠さない

コンプレックスは、誰にでもあるものです。

でも、それを隠そうとすると、強がって、正当化して、カッコつけたくなる。

できあがるのは、本当の自分じゃない、張りぼての自分。ウソつきな自分なのです。


隠し続けようとすれば、ずっとがんばり続けなければいけません。

だからもう、ダメな自分を隠さない。ヘンなプライドは捨てる。

すぐ怒ってしまう自分、小心な自分、ダメ男に貢《みつ》いだ自分、バカな自分、人のせいにする自分、だらしない自分……。

記憶から消し去りたいような、いちばん恥ずかしい自分のことを、思いきって誰かに話してみましょう。

「実はさ……」って。

僕も、自分のなかでは「死ぬほど恥ずかしい」と思っていたことを、あるとき勇気をふりしぼって友人に打ち明けたことがありました。

「ふーん」……終わり。

「えっ、それだけ?」と思いました。

軽蔑《けいべつ》されて、突然態度を変えられることもない。

それ以上、根掘り葉掘りほじくり返されることもありませんでした。

人は、他人の恥ずかしい話になんか、たいして興味をもたないのですね。

でも、話したほうは、話せただけで、ものすごい解放感!

もう、がんばらなくていい。虚勢をはらなくていい。隠さなくていい。

新しく生まれ直したように、気持ちが一気にラクになるのです。

がんばらないコツ⑩「マイルール」を破る

車は通ってないし、誰も見てないんだけど……。

でも、赤信号は渡れない。それが世の中のルールだから。私は正しい！

ところが、そうは思っていても、目の前で誰かが堂々と渡っていくと、なんだかムカッとする。

「私だって、急いでるのに」「私だって、渡りたいのに」


人は自分のなかに、自分が正しいと思う「マイルール」をつくっています。

そのルールを守らないと、怒られるし、嫌われる。それは恐いこと。

だから、本当はイライラしているのだけれど、ルールは決して破れません。

平気でルールを破って、楽しそうにしている人がいると許せません。

あなたにも、あなたの「マイルール」があるのではないですか？
たとえば、こんなぐあいです。

・人に優しくしなければいけない
・ちゃんと会社や学校に行かなければいけない
・節約しなければいけない
・食べ物を粗末にしてはいけない
・ゲームばかりしていてはいけない
・子どもや親を愛さなければいけない
・結婚しなければいけない
・結婚したら、子どもをつくらなければいけない
・自分より他人を優先しなければいけない
・禁煙しなければいけない

・借金してはいけない
・借金したら、返さなければいけない
・浮気をしてはいけない
・悪いことをしたら、あやまらなければいけない
・人を裏切ってはいけない
・お風呂に入って、いつも清潔にしていなければいけない
・公共の場では、騒々しくさわいではいけない

ふぅ〜。書き出したらキリがありません。僕たちは、こんなにもたくさんのルールを自分でつくって、自分を律していたのですね。

でも、「正しい人」で居続けるのは疲れませんか?

いつも、罪悪感との戦いです。

いつも、人や自分を罰する気持ちで、キリキリ、カッカしています。

そろそろルールからはみ出すことを、自分にも他人にも許してあげませんか？

ときには、「マイルール」を破りましょう。

正しくなくてもいい。自分らしい生き方をはじめましょう。

がんばらないコツ⑪「いい人」をやめる

「あの人に悪いから、本当は乗り気じゃないけど、一緒に旅行に行く」

「かわいそうだから、少しくらいならムリをきいてあげる」

あなたのなかに、そんな「いい人」要素はありませんか？


本当はイヤなこと、やりたくないことも、頼まれれば、いや、頼まれなくてもついやってしまう。相手の〝お気に入り〟になろうとする。

僕もそうだったから、わかります。

「いい人」をやってしまうあなたは、自分に自信がもてないんですね。
自己主張しない。
文句を言わない。
問題は起こさない。
でも、それでは、あなたの「本当の思い」はどこへいってしまうのでしょう。
本当のあなたは、いつも縮こまり、ガマンさせられているのです。
思いきって、そんな自分を解放してあげましょう。
「いい人」が、「いい人」をやめるのには、最初は勇気が必要です。
だから、まず、ふだんなら絶対しないことを〝わざと〟やってみてください。
小さなことでいいんです。

・店員さんに、無愛想《ぶあいそう》にする
・頼まれたら、即「いやです！」と言ってみる
・挨拶《あいさつ》されても気づかない（ふりをする）

・請求書は、催促《さいそく》されるまで払わない

「そんなことしていいの？」とびっくりするでしょう。

でも、大丈夫。根が「いい人」のあなたにとって、自分では相当「悪いこと」をしたと思っても、ほかの人から見れば「ふつう」レベル。

「たまたま機嫌が悪かったのね」程度で、すまされてしまうことなのです。

だから、〝いい人をやめる〟ではなく、「悪いやつになる」ぐらいで丁度いいのです。

「いい人」でいるのをやめてみる

がんばらないコツ⑫思いきって「働くのをやめる」

ただし、これは、みんなに当てはまるわけではありません。

当てはまるのは、「本当は、働きたくない」が本音の人です。

たとえば、一見、バリバリ働くキャリアウーマンのなかにも、こんな人がいます。

「本当は、家にいるのが好き。ノホホンと〝奥さま業〟をやっていたい」

だけど、彼女の時代は、「働く女がカッコイイ！」が常識でした。

だから、「働かなくっちゃ」と思い込んできたのです。

彼女は言います。

「許されるなら、結婚して、稼ぎのいい夫に養ってもらいたいですよ～」

「じゃあ、結婚すれば？」と、僕。

その後は、こんな会話が続きました。

「ムリですよ。毎日、忙しくてヘトヘトです。それに、不規則な仕事だから、出会いもないですしね」

「じゃあ、会社やめれば？」

「会社やめたら、食べていけませんよ」

さて、もうおわかりですね。これも、逆なんです。

稼ぎのいい夫に養ってもらいたいと思ったら、出会いを待つのは後。まず、がんばって働くのをやめればいいんです。だって、本当は、家庭に入りたい人なのですから。がんばらずに、のんびり仕事をするようになれば、経済力のある男性と出会えるようになるのです。

でも、彼女のような人は、これまでの仕事の仕方を変えません。

なぜなら、「自分は働かなければ、価値がない」が前提だからです。

出会いがないいんじゃない。自分自身が、「働かなくてもよくしてくれるような男性」と、出会わないようにしているのです。

彼女のまわりには、大富豪や若手社長、資産家の跡取《あとと》りだって、きっといるはずです。玉《たま》の輿《こし》にのるチャンスは、すぐそこに転がっているかもしれません。

なのに、もったいないですね。

「働かなければ、価値がない」と思っているあなた。

本当のあなたは、「働かなくても、価値がある」のです。むしろ、「働かないほうが価値がある」のかもしれませんよ。

主婦になるのが望みなら、先に会社をやめてもいい。最近は、フルタイムではなく、週に二、三日だけ出社する働き方だって選べるはず。

ムリしてまで働くのをやめれば、そう、〝自分らしく〟生きることを決めれば、理想の男性はきっとあらわれます。

でも、自分の価値を信じきれない人は、やめない理由をこじつけるんです。

「だって、私、仕事が好きですから」

これは、あきらかに言い訳です。

本当は、働かなくても、価値がある。

なのに、「仕事が好き」ということにして、がんばり続けているだけなのです。

僕の話を聞いた彼女は、その後、「自分は働かなくても価値がある」と思うことをはじめたといいます。会社では、のんびりと仕事をするようになり、上司に頼まれた仕事も思いきって断りました。また、それまで取りづらいと思ってめったにとることがなかった「有給」も何日もとって、平日に遊んで過ごしたそうです。

すると、不思議なことが起こりました。

上司や同僚が、彼女に対してとても優しく接してくれるようになったというのです。

「仕事も順調ですし、なにより、〝自分はがんばらなくても価値があるんだ〟と思いながら仕事ができることで、本当に心がラクになりました。

上司に頼まれた仕事を断るのも、抵抗がありましたが、勇気を出してやってみて、スッキリしました。怒られることもなく、がんばらなくても、誰からも責められないし、自分が思っていたよりずっと、自分は周囲から大切にされていると実感できました。

今は、毎日安心して過ごせるようになりました。これから、もっともっといいことがありそうな予感です」

と、うれしそうに報告してくれました。

僕のまわりでは、こんなふうに、最初の一歩を踏み出しはじめている人がいます。

ちなみに、本当に仕事を続けたい女性でも、「自分はがんばって働かないと価値がない」と思いながら働いていると、ラクをさせてくれる夫はあらわれません。「働かなくても、価値がある」と思って、楽しく仕事をしているほうが、「玉の輿」にのって、仕事は趣味のように楽しめるようになりますよ。

がんばらないコツ⑬計画を立てない

「五年後の自分は、こうなる！」

かつて、そんなライフプランを立てたことがありました。

でも、目標を立てると、たいていつらくなります。

達成するまではがんばらなきゃいけないし、達成できなきゃ落ち込んでしまう。

それに、第2章に書いたとおり、目標は、立てたとたんに自分の限界を決めてしまいます。〝過去の経験や価値観から、頭で考えた自分〟以上の自分になれないのです。

だから、この頃は、「こうなりたい」という目標は立てません。

未来のことを考えるとしたら、「〝なんか知らんけど、いい感じ〟になっていたらいいなぁ」という程度。

いい感じって、どんな感じ？　と聞かれると、困ります。

なってしまってから、「ああ、〝こんな感じ〟になりたかったんだよね」と思えるようになっていたいってこと。

たとえば、コーヒーのチェーン店『スターバックス』は、できてから「ああ、こんな店がほしかったんだよね」と思えました。

でも、何もないところから『スターバックス』をつくろうなどというプランは、僕には立てられません。

自分では計画できないけれど、〝いい感じ〟になりたい。「ムシがいいこと言ってますね」と思われるかもしれません。でも、そこは、「なんか知らんけど」の力にお任せしたいと思うのです。それが得意な人もいっぱいいるんです。

計画にしばられてがんばり続けるより、「なんか知らんけど、そうなる」ほうが楽しいことが起こりそうだからです。

計画を立てないようになってからは、食事に行くときも、お店の予約をしないことが多くなりました。

行き当たりばったりで行ってみて、たまたま席が空いていればラッキー！

空いていなければ、ほかを探すだけ。

隣りの店に入ったら、見かけはイマイチなのに、実は〝知る人ぞ知る〟の名店で、思わぬ「当たり」ってことだってあります。

これも、ノー・プランの楽しみ方のひとつなのです。

みなさんも、やってみるといいですよ。

何も決めずに、「角を曲がっていちばん最初にあった店に入る」なんていうゲームをするのも、おもしろいかもしれません。

計画どおりより、アクシデントにこそ、何か〝宝〟がつまっている気がします。

ただ、僕があまりにも「でたとこ勝負」なので、心配になる人もいるようです。

「心屋さん。あの本、いつまでに書き上げてくださいますか？」

「うーん、そのうち……」

「そのうちって、いつですか？」

「えーと、書きたくなったときかな」

「そんなぁ～！」

出版社のみなさん、怒らないでくださいね。

わざと、のらりくらりしているわけじゃないんです。

本を書くときだけでなく、どんなことをやるのでもそう。計画どおりに「やるべき」「やらなきゃ」とムリしてがんばっても、苦労のあとが残るだけ。それより、「書きたい」「やりたい」の気持ちで楽しくやるほうが、のびのびと、いいものができる。

そんなときこそ、「なんか知らんけど」の魔法が効《き》くのです。

自分を変える勇気をもとう

さて、ここまで読み進めてきて、いかがですか？

断る、サボる、テキトーにやる、期待にこたえない……。

いちばん恐いことを、やれますか？

そんなあなたに、なれそうですか？

最初は、確かに勇気が必要です。
人に嫌われる勇気。
見捨てられる勇気。
評価を下げられる勇気。
それより、自分を責めていたほうがラクだから。
「どうせ私なんか……」
そうやって自分を責めているうちは、行動を起こさなくていいから。
自分で自分を責めている分には、傷は浅いから。
でも、変わりたければ、勇気を出さないと。最初の一歩。それが肝心《かんじん》です。

力を抜けば、ほら、もう報われる

「いえ、まだ恐くてムリ！」

「でも、今のままじゃイヤ。なんとかしたいんです、報われたいんです」

そう言う人は、崖《がけ》っぷちに両手でしがみついて「神さま、助けてー！」と半べそをかきながら、お願いしているようなものです。

神さまは、いつまでたっても助けてくれません。

なぜ？　って、あなたが、その手を放さないからです。

両手で岩にしがみついていたら、もし神さまがいたとしても、あなたの手をガッシリ握って引っぱってあげられないじゃないですか。

僕がカウンセリングをさせていただいた方のなかにも、そんな人がけっこういます。

「がんばらないで。力を抜いていいんだよ」

と言っても、「ダメ、ムリ。今、手を放したら落ちちゃいます」とがんばる人。

でもね、海でおぼれたときだって、もがくとよけいに沈んでしまいます。

ただ波にゆらゆらゆられて、漂《ただよ》っていればいい。
疲れたら、休めばいい。
「ああ、もうダメだ！」
あきらめかけたとき、気づくはずです。
もう、海の底に足がついていることに。
崖から両手を放してみれば、ほんのちょっとストンと落ちるだけだったことに。

がんばらなくても、報われるんです。
〝騙《だま》されたと思って〟でもいい。
ぜひ、「がんばらないコツ」、試してみてください。

そうやって僕のことを信じてえいやっと手を放した人が順番に幸せになっていくのです。
「もっと早く言ってくださいよ」なんて言われますが（笑）。

第3章のまとめ

◎がんばっても報われない理由は、「がんばるから」。
だったら、「逆」をやる。

◎「嫌われる、怒られる、バカにされる」……。
いちばん「恐い」と思っていることをやってみる。

◎断る、サボる、怠ける、人に迷惑をかける、テキトーにやる、人に任せる、期待にこたえない、ダメな自分を隠さない、「マイルール」を破る、「いい人」をやめる……。
がんばらないほうが、うまくいく。

◎「がんばらない」を実践するのは、最初は勇気が必要。
最初の一歩を踏み出してみよう。

◎“騙されたと思って”力を抜いてみよう。きっと報われる。

第4章

心のヨロイを脱いで、本音で生きる

「正義の味方」なんて、どこにもいない

がんばっても報われない人は、がんばるから報われない。
だから、もうがんばらない。
前の章では、その「がんばらない」「がんばらないためのコツ」をお伝えしました。
でも、まだ「腑《ふ》に落ちません」という人もいるでしょう。
「サボっておいて認められようなんて、図々《ずうずう》しいと思いませんか?」
「私は正義感が強いから、そんなことできません」って。

じゃあ、正義って何だろう?
そこからもう一度考えてみましょう。

たとえば、唐突《とうとつ》だけれど、みんなが知っているウルトラマン。

彼は、〝正義の味方〟です。ヨソの星から攻めてきた怪獣と戦って、地球を守ってくれるからです。

だけど、考えてみてください。もし怪獣たちが攻めてこなかったら、どうだろう？

ウルトラマンなんて、地球上では浮きまくりの、ただのデカくてヘンな宇宙人。

悪い怪獣がいてくれるおかげで、彼はヒーローになれるのです。

それに、怪獣の身にもなってみてください。

ウルトラマンは、自分たちの侵略計画をジャマしようとする憎き敵。彼らからすれば、ウルトラマンこそが〝悪の権化《ごんげ》〟じゃありませんか？

つまり、「正義」か「悪」かは、自分の立ち位置しだいということ。

何が正しくて、何が「正しくない」か、なんて決められません。

「私は間違ったことは言っていません！」

「オカシイのは、あなた！」

と主張するのも、結局、その人の価値観にすぎないのです。

「正義感」って、自分だけの価値観を、みんなの価値観にすり替えてしまうことじゃないかなと思います。

「世間じゃ、そんなこと許されません。サボるなんて社会人として失格です！」

なんて。その価値観は、たいてい親の価値観だったりします。

でも、〝世間〟は案外もっとユルいのかも。

あなたのまわりには、一足お先に「がんばることをしていない」人がいるかもしれません。

ズルイ、許せない。あんな人、たいして仕事できないのに……。

文句のひとつも言いたくなる。

でも、あなたとその人は、パカッと割れたひとつのリンゴの左と右。

ダメな人がいるから、がんばるあなたがいる。

二人は、ただの組み合わせ。

あなたが「がんばらない」人になれば、今度は、ダメなあの人が、がんばってくれるようになるのです（信じられないでしょうが……）。

だから、「正義感」なんて、もういらない。もっと心を軽くしましょう。

「いい」ことも「悪い」ことも、すべて「気のせい」

がんばることを、なかなかやめられない。

そんな人は、身のまわりに起こる出来事に、敏感すぎるんです。

誰かに、何かされた。あるいは、何もしてもらえなかった。

誰かに、何か言われた。あるいは、何も言ってもらえなかった。

注意された。
無視された。
粗末に扱われた。
バカにされた。

「ほら。がんばらないと、こんな目にあうでしょ」と、いつも〝見張って〟いる。
でも、それは気のせいです。
そういう「問題」が起こったのは、体調が悪いときではありませんか？
あるいは、なんとなく気持ちが落ち込んでいるときだったり。
元気なときなら、きっと何も感じなかったはず。
だから、気のせいなんです。
「いいえ、絶対にそう。そうに決まってる」
なんて、決めつけないで。見張らないで。調子のいいときでも、そんな目にはあうんです。生きていれば、いろいろな出来事が起こります。

・目の前で電車のドアがしまる
・自分だけオーダーを忘れられる
・頭の上から鳥のフンが落ちてくる
・遅刻する
・雨が降る
・地震が起こる
……エトセトラ、エトセトラ……

「問題」は、がんばっていても、がんばっていなくても起きるんです。「問題」になるのは、起きた出来事を「いい」と「悪い」に勝手に振り分けるからです。

楽しく生きるコツは、何が起きても「気のせい」「たまたま」と思ってしまうことなのです。

「気のせい」
「たまたま」と
思ってしまえば、
楽しく生きられる

サボっても、お給料は変わらない

がんばるのをやめられない人の、不安のひとつ。
それは、お金。
働かざる者、食うべからず。だから、がんばらないと、貧乏になっちゃう……。
いや、その発想が、違うんです。

そもそも、収入とは、その人の存在価値のバロメーターです。
「自分は、すごい！」と思っている人は、高い収入。
「自分は、この程度」と思っている人は、その程度の収入。
あなたの月収が二〇万円だとすれば、それは、あなたが「自分の価値は二〇万円程度がぴったり」と決めたからなんです。

「いえ、会社員だから、月収は会社が決めたものです」と思うかもしれませんが、違います。

だって、その会社を選んだのは誰? あなたです。

あなたが、自分が決めた自分の存在価値に〝似合う〟〝ふさわしい〟会社を選んだのです。

「第一希望の会社の入社試験に落ちたから、仕方なく入ったんですよ」

でも、それも、深いところで、あなたの〝思い〟が仕組んだことなのです。

ただし、これはあくまでも存在価値の話ですよ。

存在価値は、何もしない、そのままのあなたが、本来もっている価値のこと。

「有名大学を出たから、有名企業が似合う」とか、「コネがなかったから、あそこの会社へ入れなかった」とか、そういう条件つきの話ではありません。

さて、話を戻します。

あなたの月収が二〇万円だとしたら、それはあなたの存在価値に対して払われているお金だと思ってください。

あなたの存在価値に対する固定給です。

だから、がんばらなくても、収入は減りません（逆にがんばっても増えない）。

少しくらいサボろうが、人に迷惑をかけようが、貧乏になったりはしないのです。

「がんばらないルート」にのって、収入アップ！

けれど、ただ給料が減らないだけじゃ、報われた気がしません。

「減らないだけじゃなくて、お給料はどんどん上がってほしい」が、やっぱりみんなの本音。

そこで上がるのが、こんな不満の声。

「聞いてください。うちの会社、以前は営業成績を上げれば、その人は特別ボーナスがもらえたんです。でも、新体制になってからは、全員一律になっちゃった。

がんばった人も、がんばらなかった人も、みんな同じお給料。これって不公平じゃありませんか？　これじゃ、がんばりゾンです！」

「ふ～ん、そうなんだ」

でも、今、僕の目はキラッと光りました。

なぜなら、彼がすでに自分で答えを出しているからです。

「これじゃ、がんばりゾンです！」

そう。がんばったらゾン！　つまり、新しい会社の体制は、みんなに、「がんばらなくていいんだよ」と教えてくれているということなんです。

もし会社が「契約一件とれたら〇万円」「営業成績トップになったら〇万円！」

の能力主義を続けていたら、どうなりますか？

あなたは、また子ども時代に逆戻り。

「がんばったから、認められる」

「がんばらなかったから、叱《しか》られる」

の、〝恐怖マインド〟に取り込まれてしまいます。

いつまでたっても、「がんばる人」のワナから抜け出せないのです。


今よりもっとがんばれますか？

残業する、睡眠時間を削る……。

でも、一日は二十四時間しかありません。いくら寝ないでがんばっても、いつしか限界にぶつかってしまう。あとは落ちていくだけです。

あなたが、想像を超えてブレークするには、「がんばるルート」は、もう古いんです。

能力主義だった会社が変わってくれたのは、いいチャンス。

これからは、「がんばらないルート」にのって、「なんか知らんけど」で、売り上げを伸ばしていけばいい。

みんなが、がんばらないで能力を出せるようになれば、会社全体の売り上げが上がります。売り上げが伸びれば、みんなの固定給が上がります。

がんばらなくても、みんながハッピーになれるのです。

がんばらなくても、あなたの存在価値は変わらない

転職したいと迷ったら、まず「がんばらない人」になっておく

「まわりはデキない人ばかり。なのに、そんな人ともお給料は同じなんです。こんなにがんばってるのに、私を正当に評価してくれない会社なんて……。もうガマンの限界。転職しようかと思っています」

そんな相談を受けたことがあります。

けれど、がんばったままほかの会社へ行っても、起こることは同じです。

やっぱり、まわりはデキない人だらけで、お給料もアップしない。

だって、あなたが、がんばるから。

「ラッキー！」って、ほかの人が「手を抜いてもいいんだ」って思う。

がんばるのは、「がんばらないと、私には価値がない」と宣言しているのと同

じだから、お給料も上がらない。

これまで書いてきた理屈と同じです。

がんばる気持ちを手放さないと、どこへ行っても報われないのです。

転職したい……。

悩んだら、まず、今いる場所で「がんばらない人」になってみてください。

結論は、それからでも遅くありません。

今が「自由」な人は、どこへ行っても「自由」

「今いる場所から逃げ出して、もっと自由になりたい」

そんな夢を描く人も同じです。

会社にいても、上司や部下の評価ばかり気にしている人は、独立して起業したり、フリーランスになっても、今度はクライアントの顔色が気になってしまう。

「お仕事、いただけますか？」

「おっしゃるとおりに、いたします」

とばかりに相手にしばられ、結局、不自由な人になってしまうのです。


結婚しているから、自由じゃない。

子どもがいるから、自由じゃない。

親の介護をしているから、自由じゃない。


違うんです。今いる場所で自由じゃない人は、どこへ行っても自由になれません。子どもがいなくても、独身でも、親が元気でも、自由じゃない。

今いる場所で、自分らしく生きましょう。

「あなたは、素晴らしい存在」です。自分の価値を信じて、自分を楽しませ、自分のやりたいように生きましょう。

今が自由なら、何も心配はいりません。

どんな環境でも、どんな試練がきても、きっとあなたは自由でいられるから。

がんばらなくても、誰もあなたを嫌わない

がんばらないのに、出世する。

ヘラヘラしているのに、なぜかまわりに助けられる。

もし自分がそんな人になったら、「まわりに嫌われませんか?」と心配してしまう人がいます。

でも、大丈夫。それは「酸《す》っぱいブドウ」というやつだから。

「酸っぱいブドウ」は、イソップ童話にでてくる、こんなお話です。

あるとき、キツネが美味《おい》しそうなブドウを見つけました。

でも、それは高いところにあって、手が届きません。

キツネは、こう言います。

「フン、いいよ。どうせあんなブドウは、酸っぱくてマズイに決まってる」

本当はほしいのに、負け惜しみ。

キツネは、そのセリフで、自分で自分にウソをついたのです。

「がんばらない人」を見て心がザワつく人は、「がんばらない人」に憧《あこが》れているのです。

悪口を言いたくなるのは、本音では「うらやましい」からなのです。

だから、人の評価なんか気にしないでいい。堂々と、あなたの人生を生きましょう。

「やりたいこと」だけやっていい

「どんな自分も素晴らしい」を前提にしたら、あとは自分を信じるだけ。

やりたくないことは、やめる。

やりたいことだけ、やる。

実にシンプルではありませんか！


でも、きっと誰かがこう言います。

「えー。そういうわけにはいきませんよ。イヤでもやらなきゃいけないこともあります。仕事ってそういうものじゃないですか？」って。

本当はやりたくないけど、生活のためにやるしかないじゃない。

やらなきゃ、ヘンな部署にとばされちゃう。

下手《へた》したら、クビかも……。

だから、ガマンするしかないというわけです。


だけど、これから一生ガマンの人生なんて悲しくないですか？

ガマンしている間は、自分らしさを殺しているんです。自分らしく生きてないで、人生がうまくいくはずないですよね。

ガマンばかりだから、口を開けば、不平不満や人の悪口。

ガマンばかりだから、やりがいもなく、毎日が楽しくない。

そのうち、そんな自分が嫌いになってしまう。


本音で生きましょう。

嫌われる？

イヤがられる？

怒られる？

気にせずに、言いたいことを言ってみましょう。

やりたくないことは、「やりたくない」って勇気を出して言っていいんですよ。

「でも、この仕事、勉強になるんです」

それは、本音を隠すための言い訳です。そうやって自分を説得して、ごまかして。いったい、いつまでがんばり続ける気なのかな？

やりたくないことは、
やめる

本音を言えただけで、一目置《いちもく》かれる人になる

「やりたくない」って言っていい。

今そう書いたのは、これが「がんばらない」ための第一歩だからです。

第3章に書いた「がんばらないコツ」を会社で実行するには、まず上司に「がんばらない、あなた」をアピールしなければいけません。

いつものように、「これ、やっといて」と机の上にバサッと置かれた書類。

「やりたくないです！」

と言えますか？

恐いですよね〜。こんなこと言って上司に逆らったら、倍返しされそうです。

でも、勇気をもって言うしかない。

これには、やり方があります。

まず「やりたくないです」と、あなた。

すると、上司は、きっとこんなふうに切り返してくるはずです。

「何ゴチャゴチャ言ってるんだ！　これがおまえの仕事だろ」とか。

「やってくれなきゃ、困るよ」とか。

そうしたら、おもむろにこう言うのです。

「仕方ないですね。じゃあやります」

結局「やる」ことに変わりはありません。

けれど、「やりたくないです」のひとことを言ったことで、あなたのポジションが急に高くなるのです。

「命令すれば、文句を言わずやる人」だったあなたから、「都合よく、人に使われない」あなたへ。上司と対等の立場になって、これだけで一目置かれる人になるのです。

ただ本音が言えただけ。でも、それだけで、不思議と「イヤイヤやっていた」ときの投げやりな気持ちや、恨《うら》みがましさがスッと消えていきます。気持ちに余裕が生まれて、同じ仕事でも、今度は楽しみながらやれるようになるのです。

〝おとぼけキャラ〟でマイペースに生きる

「わかりました。もう、私、がんばりません！」

あっ、やっとその気になりましたか？

ただ、「がんばらない」と決めたら、がんばって「がんばらない」をやらないことです。なにも「私、がんばりませんからね！」とまわりの人に宣言することはない。

自分の心のなかで、ひそかに思っていればいいんです。


「売り上げ目標〇〇万円、達成しよう！」

「はい。がんばります」

それでいい。

達成できなかったらどうする？

「すみませんでした」

それでいい。

「給料下げるぞ」

「はい、下げてください」

「次は、がんばれよ！」

「はい。がんばります」

それでいい。

つまり、自分のペースでがんばればいいということ。

がんばれないことだってあるんだから、期待にこたえようとしないこと。

目標が達成できなくたって、へこたれないこと。

いつでもニコニコ「はい。がんばります」。

そのうち、まわりの人があきれてこう言ってくれるはずです。

「おまえ。いっつも、口だけだな」

「もういいよ。きみには言っても仕方ない。好きに仕事しなさい」

そうしたら、「エヘッ」って笑っていればいいのです。


こういうの、「スーパー・マイペース」といいます（笑）。

出張に行かせたら、帰ってこない。

お昼休みに出たと思ったら、夕方まで行方不明。

「またあいつか……。まあ、あいつなら、しゃーないな」

そんな人になってしまえば、毎日が、楽しいと思いませんか？

「あの人、仕事ができてカッコイイ」と言われることはなくなるかもしれません。

でも、人にほめられるより、自分で自分に満足することのほうがずっと大切です。

〝おとぼけキャラ〟最高！　です。

期待にこたえなくていい

上司に本音を言えないのは、過去のトラウマのせい？

これまで上司に本音が言えなかったのは、なぜだろう？

「言っても、どうせ聞いてもらえません」

「言っても、どうせ怒られるだけですから」

そうかな。優しそうな人だけど……。

「それは、外面《そとづら》がいいだけ。身内には厳しいんです」

と、言う前からからだをギュッと硬くして戦闘モード。

それって、いったいなぜだろう？

なかなか本音が言えない人は、子どもの頃に痛い思いをしたからかもしれません。

親の躾《しつけ》が厳しくて、「お菓子、買って」と言っても、買ってもらえなかった。

親が教育熱心で、「塾へは行きたくない」と言っても、むりやり行かされた。

そんな心の傷が、まだうずいている。

だから、自分より立場が上の人が相手だと、昔を思い出して、本能的に「負ける」と思ってしまう。

口ごたえするのは「恐い」と思ってしまう。

そんなケースが、よくあります。


「いつも私の上にくるのは、怒鳴《どな》ったり話を聞いてくれない人ばかり。あ〜あ、どうして私は上司に恵まれないんだろう……」

私ばっかり、と理不尽な思いでいっぱい。

しかし、それは偶然ではないのです。

イヤな上司、話を聞いてくれない上司は、あなたが連れてきているのです。

子どもの頃、親に言いたくても言えなかった、「どうして、私の話を聞いてくれないの?」のセリフ。それが、まだあなたの胸の奥に残っています。

言いたい。でも、言えなかった……。

だから、あの頃と同じシチュエーションを自分で用意したのです。

そして、親と似たようなことをしそうな横暴な上司を自分のそばに置いて、「今度こそ言ってやる」と思っている。

それが、今のあなた。

そうやって、一生懸命、過去の痛みを乗りこえようとしているわけです。

子ども時代の自分を、自分で癒《いや》してあげる

そんなときの対処の方法は、二つ。

ひとつは、上司の前で、子どもの頃言えなかったセリフを言ってしまうこと。

「どうして、いつも私の話を聞いてくれないんですか？」

「どうして、いつも私ばかり怒るんですか？」

それが言えただけで、過去の傷がシュッと一瞬で消えてしまうことがあるのです。


二つめの方法は、先に子ども時代の自分を癒すこと。

「お父さんが、私の話を聞いてくれなくて、悔《くや》しかったよね」

「お母さんが、怒ってばかりで、つらかったね」

それはきっと、思い出すのが苦しくて、これまでずっと自分のなかに封印してきたことのはず。その思いと向き合ってください。

子どもの頃の自分に「悲しかったね、つらかったね。でも、もう大丈夫だよ」と、話しかけてあげるだけでいいのです。

子どもの頃のあなたが癒されるだけで、今のあなたの心がフラットに戻ります。

上司をヘンに恐れずに、ふつうの態度でサラリと本音が言えるようになるのです。

反発したくなったら、まず自分が変わる

「ダメダメ。うちの部長、頑固なんです、ひねくれてるんです。だから、部下の言うことなんか、絶対に聞いてくれません!」

ずいぶん、トゲトゲしてます。

でも、案外、頑固でひねくれ者なのは、あなただったりして。

上司がひねくれて見えるのは、あなたが、正面を向いていないからではありませんか?

自分の椅子《いす》を横向きにして座っているから、顔が合わないだけじゃないですか?

「部長が、ソッポ向いているんです！」

「きみが、生意気なことを言うからだろ！」

こうして、二人はいつも「あっち向き」と「こっち向き」。


意地をはらずに、自分のほうから先に、座り直してみてください。

先に、相手を認めるだけで、相手の態度がクルッと変わることがあります。

これまで外に出していなかった、もうひとつの顔を見せてくれるのです。

表の顔は、ひねくれ者。

でも、反対側にあるのは、内気でシャイな顔かもしれません。

「北風と太陽」のお話を知っていますよね？
いくらビュービュー冷たい北風を吹きかけても、旅人はコートを脱《ぬ》ぎません。
コートを脱ぐのは、ポカポカとあたたかい太陽の光が降り注《そそ》いだときなので
す。そう。反発するより、優しくしちゃったほうが、ずっとラクだということ

（悔しいけどね）。

感情の言葉で、本当の気持ちを「告白」しよう

たとえば、ここに一組の夫婦がいるとします。

ご主人が会社から帰宅したら、奥さんのメモ。

「お友だちと、食事に行ってきま～す♪」

このご主人、奥さんがいないと、実はさびしくてたまらないのです。

ひとりで夕飯を食べるのがイヤなんです。

ところが、帰ってきた奥さんに、ご主人は怒鳴ります。

「おまえな。家庭の主婦が、こんな時間までふらふらしていいと思ってるのか！」

奥さん、ムッ……。

まあ、夫婦ゲンカは、たいていこうして勃発《ぼっぱつ》します。

なぜ、ご主人は素直に自分の気持ちが言えないんでしょう？

「さびしかった」

「おまえがいないと、つまんないよ」って。

これが本音です。これを素直に言えば、奥さんもきっと素直になる。

「ごめん、ごめん。もっと早く帰ってきたらよかったね。許して」って。

これで、二人の間にヘンなしこりは残りません。

ご主人のほうも、素直に言えてスッキリ。ちょっとカッコ悪いけどね。

もともと、奥さんを家にしばりつける気なんかないのだから、明日、また奥さんが留守《るす》だったとしても、それはそれ。

自分の気持ちがちゃんと伝われば、もうケンカにはならないのです。

会社や仕事の人間関係でも同じです。

「そんなの、おかしいじゃないですか！」

「間違っているのは、課長のほうです！」

自分の感情を正論にすり替えて、相手にぶつけていませんか？

だから、コミュニケーションがギクシャクするのです。

こんなときは、正論ではなく、気持ちを素直に「告白」してみてください。

「私、課長にわかってもらえないと思うと、なんだか悲しいです」

「話を聞いてもらえないと、自分がとるに足りない人間に思えて、つらいんです」

感情の言葉で「告白」されて、怒り出す人はあまりいません（もちろん、それでも〝責められた〟と反応する人はいますが、それは相手の問題です）。

感情を「告白」するのは「負け」だと思う人もいます。

だから、強がって、いきがって、なめられないように、がんばった。
でも、もう「勝ち、負け」なんかどうでもいいじゃないですか。
先に白旗をあげてしまいましょう。
そうすれば、みんながあなたを応援しやすくなる。助けやすくなる。
みんなに支えられて、「がんばらないルート」をスイスイ歩ける人になるのです。

本音で生きればラクになる

あなたの本音が、「がんばらないルート」への道案内

たとえば、「この会議室、なんだか寒いな」と思うようなことがあります。

でも、まわりを見渡せば、全員平気な顔。

寒がっているのは私だけ？

こんなとき、私ひとりが「寒い」というのは、わがままかな……。


十分後、ついにガマンできなくなって、あなたはこう言います。

「この部屋、なんか寒くないですか？」

すると、みんなの反応はこれ。

「だよね～」

ほかの人も、同じことを感じていたのです。ただ、みんなも遠慮していただ

け。

だから、言いだしっぺのあなたに感謝です。

同じようなことで残業しても、仕事でもあるはずです。

「こんなことで残業しても、意味ないなぁ」

ひそかにあなたが思っていることは、実は上司も思っているかもしれません。

不満を抱えてガマンするより、思いきって本音をぶつけてみませんか。

物わかりが悪いと思っていた上司も、わかってくれるかもしれません。

「だよね～」って。

「がんばるのをやめたくても、上司に通用しません」

「がんばるのをやめたくても、まわりが許してくれません」

そんなふうに考えているあなた。そんな理由さえも、上司も同じことを思っているのかもしれませんね。

本音で語れば、そのひとことで、世界が一八〇度パーンと変わることがあります。

「じゃあ、ちょっと違うやり方を考えてみようか」と、会社全体が「がんばらないルート」へ方向転換をはじめることだってあるかもしれない。

本音の言葉は、そのくらいパワーがあるのです。

あきらめていたら、いつまでたっても変わりません。

「がんばらない」と決めたら、勇気を出して。

自分の本当の気持ちに従って、生きてみませんか。

自分がそう言ったからといって、まわりが一〇〇%変化するなんてこともありません。

ただ大切なのは、自分が自分の気持ちを「伝えた」かどうか、それだけなのです。

第4章のまとめ

◎「正義感」とは、自分の価値観を正論にすり替えてしまうこと。何が正しくて、何が正しくないかは決められない。

◎がんばることをやめられない人は、身のまわりの出来事に敏感すぎる。
楽しく生きるには、「気のせい」と受け流す余裕も必要。

◎収入は、その人の存在価値のバロメーター。
「自分はすごい！」と思えば、高い収入。
「自分はこの程度」と思えば、その程度の収入。

◎やりたくないことは、やめる。やりたいことだけ、やる。ガマンばかりしていると、自分を嫌いになってしまう。

◎上司に「この仕事はやりたくありません」と言ってみよう。たとえ受け入れられなくても、本音を言えただけで、自分がラクになる。

◎“おとぼけキャラ”で、マイペースで生きる。

第5章

「がんばらないのに、報われる人」の習慣

先に「なりたい自分」になっておく

認められる、ほめられる、人気者になる、出世する、ナンバーワンになる、お金持ちになる、社長になる、玉《たま》の輿《こし》にのる……。なんでもいい。がんばり屋のあなたが「なりたい自分」になる法則。それは、がんばらないことでした。

「がんばるから、報われる」んじゃない。

「がんばらないから、報われる」のです。

つまり、幸せになる方法は、これまで常識とされてきたこととは、すべて「逆」。

ここまでの章で、それが、おわかりいただけたのではないでしょうか。

逆だったから、結果が出なくて苦しかっただけなのです。

よく、こんなことを言って、今の自分を否定している人がいます。

・痩《や》せたら、プールに行く。
・お金持ちになったら、プラダのバッグを買う。
・英語が話せるようになったら、留学する。
・自信がついたら、会社をやめて独立する。
・きれいになったら、恋をする。

でも、これも全部「逆」。

痩せるのを待っていたら、いつまでたってもプールに行けません。

自分を否定したままでは、ブレーキを踏みながらアクセルをふかしているようなもの。どれだけがんばっても、前に進めません。

プールに行って水着姿になるから、痩せるんです。

プラダのバッグを買うから、プラダのバッグが似合うお金持ちになるんです。

がんばらなくても報われる人は、この法則をよく知っています。

だから、「なりたい自分」になる前に、先にそうなってしまうのです。

怖いままで進んでしまうのです。

成功が「似合う」人になる

では、どうしたら先に「なりたい自分」になれるのでしょう。

売れっ子の芸人さんが、若い後輩にこんなアドバイスをしているのを、テレビで見たことがあります。

「売れたかったら、ちょっと背伸びしてでも、いいマンションに住んだほうがいいよ。そうすると、どんどん仕事が入ってくるから」

この説は、かなり正しいのではないでしょうか。

成功は、それが「ふさわしい」人のところへやってきます。

だったら、売れる前から、先に「ふさわしい」人になってしまうのはいい手です。


僕の知人には、成功したビジネスマンや経営者が何人もいます。

彼らの行動を見ていると、高級な服に身をつつみ、リッチなお店で食事をし、移動の新幹線は、もちろんグリーン車です。

さすが、仕事ができて稼いでいる人は、違いますね。

ところが、あるとき、そんな知人のひとりから、こんな話を聞きました。

「僕は、まだふつうのサラリーマンで営業に飛び回っていた頃から、新幹線を使うときは自腹でグリーン車に乗っていたんですよ」

彼は、若い頃から「将来、経営者になる」と決めていたのだそうです。それを「大前提」にして、すべての行動を決めていた。

だから、経営者が「やりそうなこと」を、先にやっていた。「経営者にふさわしい自分」をつくっていたんですね。

グリーン車に乗るのは、若い彼には贅沢《ぜいたく》だったかもしれません。

でも、グリーン料金程度の出費ですから、ほんの少しムリをすれば、叶《かな》えられる「ふさわしさ」だったのだと思います。

リッチ体験で、夢の先取りをする

将来の成功を夢見る人。このくらいなら、真似《まね》できると思いませんか?

べつに大金を使う必要はないのです。

たとえば……、

・高級ホテルのティールームでお茶をする

・輸入家具のショールームをゆっくり見学する
・美術館や博物館で、本物の美術品や工芸品を鑑賞する
・住みたい家のモデルルームや、住宅展示場に行ってみる
・憧《あこが》れのブランドのコーヒーカップを、自分用に買う

など、手軽なリッチ体験をしてみてはどうでしょう。

心が豊かになって、その豊かさを受けとることに慣れて、受けとる〝許可〟を自分におろせるかもしれません。するとそれが〝あたりまえ〟になってゆくのです。

それだけで、自分の「ふさわしさ」が変わるきっかけになるかもしれないのです。〝高いものがいい〟ということではなく、〝高いもの〟は〝豊かさの象徴〟だからです。

成功が「似合う」人になると、
それが〝あたりまえ〟に
なっていく

まずは「見た目」から変えてみる

僕はカウンセラーですから、たくさんの方とお会いします。

それに、大勢の人の前で、話さなければいけないこともあります。

いくら「カウンセリングの腕は確かです」と豪語しても、あらわれたのがヨレヨレの服を着たオジサンでは、「この人、大丈夫かな？」と信用してもらえないでしょう。

ところが、起業したばかりの頃、僕には、〝信用され、信頼されるカウンセラー〟にふさわしい服がありませんでした。

当時の僕は、まだ「自分は、すごい！　ことにしよう」なんて思えなかった。

だから、着るものも、持ちものも、機能性や便利さ、値段の安さだけで選んだものばかり。それが、その頃の僕に「ふさわしい」ものだったのでしょう。

自分で自分を、その程度の〝安もの〟の人間と決めつけていたというわけです。

そこで、一念発起《いちねんほっき》。プロのスタイリストのドアをたたいてみることにしました。

なにしろ、「逆の法則」にたどり着く前のことです。

スタイリストのところへ行くのに、「着ていく服がない」と悩んだりして（笑）。

まったくね。えらそうなことを言っても、僕も、もとはと言えば「痩せてから、プールに行く」的な思考の持ち主だったわけです。

自分の価値に気づくと、ファッションが変わる

さて、そのスタイリストの方が「これからの僕に、ふさわしい服」として用意してくれたものを見て、驚きました。

これまで自分では選んだことのないような、デザインや色、素材。

なにより、値段が一ケタ違う！

一着が、それまでの一年分の洋服代と同じくらいなんです。

「えー！　こんないいもの、僕が着ていいんでしょうか？」

尻込《しりご》みする僕に、そのスタイリストの方が、こんな言葉で励ましてくれました。

「とってもあなたに似合ってますよ。それに、僕も若い頃は、ファッションのことでいっぱい恥ずかしい思いをしたんです。

でも、そこから時間とお金をかけて、自分にふさわしい服を探しあてました。

まず、自分が着る服を変えた。だから、プロになれたんです」

当時の僕（のセルフイメージ）には、彼が選んでくれた服は、まだ上等すぎたかもしれません。

でも、次のステージに似合う服装を先にしてしまうことで、それが「本当」に近づいてきたのです。

あなたも、まず服装から変えてみませんか？

なにも、高価なブランドものの洋服でなくていいんです。

ただ、未来の自分のイメージに「似合う」服を選んでください。

それだけで、気持ちが変わります。

服が、「私はすごい、ことにする」のお手伝いをしてくれるはずです。

そしてそれは〝今の自分〟が選ぶと、また選べないのです。〝いつもの〟を選んでしまうのです。だから、あなたの本当の価値にふさわしい服を見つけてくれる〝プロ〟に任せてみるのです。プロの客観とあなたの主観はまったく違います。

余談ですが、ファッションに関していえば、最近、またべつの見方ももつよう

になりました。それは、どうやら、

「成功している人＝リッチな服装」

とばかりは言えないようだ、ということです。

京都に住んでいると、時々、代々続く老舗《しにせ》のご主人など、ケタ違いのお金持ちを紹介されることがあります。

でも、そんな方々は、話を聞かなきゃ、一見、そこらのオッチャン風。

見た目に気を使っているとも、高いものを着ているとも思えません。

そういう人々は、もう、「ふさわしい」も「ふさわしくない」も超越してしまうのかもしれません。

ただ、圧倒的に「存在」するのみ。だからこそ〝本物〟を選んでしまうようです。

それはそれで、カッコイイなぁと思います。

「なりたい自分」に似合う服を着る

「お金がない」を口グセにしていませんか？

自分を安く見積もっていた僕は、お金の使い方も下手《へた》でした。

「はじめに」でも書いたように、僕は大学卒業後、大手物流会社に就職しました。

初任給は、確か二七万円くらい。当時は、旅行会社の大手でも、初任給は一三万円程度だったと記憶しています。

ですから、僕は、かなりの高給取りだったわけです。

ちょうど、バブル期だったこともあり、その後も月収はうなぎ上り。四〇万、五〇万、六〇万、七〇万円……とどんどん増えていきました。

ふつうなら、悠々自適《ゆうゆうじてき》。リッチなサラリーマンなはずです。

ところが、僕は、お金が使えなかった。

というより「まともには、使えなかった」と言うべきでしょうか。

「これにお金を使った」という記憶もないのに、気がつけばお金が減っている状態。

だから、まるで強迫観念にとらわれたように、「お金を使わないようにしなければ」と、自分に言い聞かせていました。

贅沢な暮らしをしていたわけじゃない。

なのに、いつの間にかお金がなくなっていく……。

当時の僕の口グセは、「お金がない」でした。

お金がない。それは、自分の価値のバロメーターでもありました。

「ない」の思考に取《と》り憑《つ》かれていたあの頃の僕。心が貧しかったのかもしれません。

今ではとても豊かになれました。

安いか高いかは、「自分の価値」しだい

たとえば、ここに一〇〇万円の素晴らしい花瓶《かびん》があったとします。

でも、自分にはとても買えないと思っている人はこう言うでしょう。

「いくら素晴らしくても、こんなの高くて買えないよ」

じゃあ、この花瓶が一万円だったとしたら、どうだろう？

やっぱり、「高くて買えないよ」と言うに違いありません。


本当は、花瓶が高いんじゃない。

「自分には、一〇〇万円の花瓶を手元に置くような価値がない」と考えているから、「高くて買えないよ」と思うだけ。逆に、自分の価値を「素晴らしい！」と信じている人なら、たとえ三〇〇万円でも、ほしければ買うでしょう。

つまり、ものの値段が「安いか、高いか」は、その人が信じる「自分の価値」で決まるということです。

自分に価値が「ない」と思っている人は、ろくなお金の使い方ができないものです。

なんでもかんでも、「高い」としか映らないのです。

〝安もの買いの銭失《ぜにうしな》い〟とは、よく言ったものです。

空《から》っぽのお財布を見つめて、こう嘆《なげ》くことはありませんか。

「ああ、なんでこんなにがんばってるのに、自分だけ報われないのだろう……」と。

あなたは「大切にされていい人」なのです

極端な例を書きます。

がんばらなくても報われる人は、お金がなくても、ほしいと思えば一〇〇万円の花瓶を買っているでしょう。

何度も言うように「お金がない→高いものを買えない→報われない」の図式は、逆。

高いものを買おうとしないから、お金がないのです。

これは、前に書いた、新幹線のグリーン車の話と同じです。

たとえば、一泊何十万円もするホテルのスイートルームに泊まる人がいます。

「いいなぁ。お金のある人は」

うらやましいですね。

でも、そういう人は、お金があるから、スイートルームに泊まれるんじゃない。

スイートルームに泊まるから、お金が入るようになったのです。

本当かな？　と思ったら、一度実験してみるのもいいかもしれません。

今は、「自分には分不相応」だと思っても、ちょっとムリして、いつもよりランクの高い部屋に泊まってみるのです。

最高のサービス、贅沢な居心地……。

きっと気づくはずです。

「ああ、そうか。自分はこのくらいお金を使ってもいい人間なんだ。大切にされていい人間なんだ」って。

報われる人は「お金は使っても減らないこと」を知っている

では、なぜ、お金を使う人が、お金持ちになるんでしょう？

本当に、不思議です。

「ふつう、お金は使えば、減りますよね」

そう。以前は、僕もそう思っていました。

しかし、お金は使っても減らないのです。

なぜなら、使えば入ってくる仕組みになっているからです。

それは、息を吐けば、新しい空気が入ってくる呼吸と同じようなもの。息を吐いても決して酸欠にはならないように、お金も、使っても減りません。

むしろ、使えば使うほど、増えるようにできている。

お金持ちになる人は、この法則を知っているのです。


がんばって働いているのに、お金がない。

そんな人は、「吸った息は、吐きません」とばかりに、息を止めるように生きて、お金を使うことを恐がっていませんか?

お金がないのは、吐き出さないからです。


お金は「豊かさ」と置きかえてもいいでしょう。

豊かさは、海の水のように無限です。あなたがどれだけ使っても減りません。

ほかの誰かが湯水のように使っても、減りません。

だから「私だけお金持ちになったら、ほかの人の分がなくなっちゃう」と心配することもない。「あの人ばっかりお金持ちになって、ズルイ」と人を批判しなくてもいい。

「豊かさ」は、誰でも好きなだけ受けとっていいものなのです。

お金を使うことを恐がらない

お金に関するブロックをはずす「神社ミッション」のすすめ

「お金は、使えば入ってくる」

急にそう言われても、これまでに染《し》みついた価値観は、なかなか覆《くつがえ》せません。

「使ったら減る」

「だから、節約第一。つつましく暮らすのがいちばん」

そのうえ、僕たち日本人には、「清く、貧しく、正しく」の〝清貧《せいひん》の美徳〟がすり込まれています。お金をジャブジャブ使うなんて、「品のないこと」「いけないこと」。

お金は、罪悪感と結びつきやすいのです。

だから、よけいにお金を使えません。

でも、それでは、いつまでたっても豊かになれません。

そこで、お金に関するブロックをはずす、いい方法をご紹介します。

名づけて「神社ミッション」。

簡単にいえば、「神社のお賽銭箱《さいせんばこ》に、一万円を入れましょう」という〝行い〟です。

神社は、ひとけのない、小さく、さびれたところがベスト。いかにもご利益《りやく》がありそうな有名な神社は避けてくださいね。

お賽銭を入れるといえば、ふつうは、五円か一〇円程度でしょう。

そこを、一万円も入れてしまう。

そうすることで、お金に対する執着《しゅうちゃく》が消えるのです。「使えば、増える」のお金の法則を体験するチャンスでもあります。

そもそも、神社には、ご神体《しんたい》の「鏡」があります。

その「鏡」に映るのは、自分自身です。僕たちは、神さまに祈願していると同時に、自分自身にもお参りをしているのです。

そう考えると、自分に対して五円や一〇円しか出さないなんて、「ずいぶん自分を見くびったものだ」という気がしませんか?

自分の価値を低く考えているのと、同じです。

だから、あえて大きなお金を入れるのです。

実際やってみると、けっこうドキドキします。

でも、自分自身へのお礼だと思えば、不思議なほど〝ソンした〟感がありません。

また、昔から、神社には「奉納《ほうのう》」といって、お酒や社殿の建設費や修繕《しゅうぜん》費を寄付する習慣がありました。

これも「奉納」のひとつと考えれば、一万円もそう高いお金ではないのです。

僕のまわりには、この「神社ミッション」をしたことで、一万円が、数倍、あるいは数百倍にもなって返ってきたという人がけっこういます。

僕のスクールの卒業生のなかには、「五万円入れました！」「私は一〇万円です！」なんていう太っ腹な人もいるんです。

僕自身も、もう何度も「神社ミッション」をやっています。

直接的な効果があったかどうかは、まだわかりません。

でも、気持ちがスッとして、「なんだか、いいことが起こりそうだな」という予感がするのは確かです。

人生を楽しくするために、お金を使う

スタッフの人たちと、一〇人くらいで焼き肉屋さんへ行くことがあります。

「あー、美味《おい》しかった。さあ、そろそろ帰ろうか」

そんなときにはじまるのが、「私、払います！」「いえ、私が！」の、伝票の奪い合いです。

「なんで、そんな払いたいんや？」

と聞くと、返ってくる答えは、たいていこう。

「だって、払ったほうが、後で入ってくるんだもん」

スタッフのみんなは、「使えば使うほど、入ってくる」お金の法則を知っているのです。だから、払いたくて仕方ない。

最後には、誰が払うかでジャンケン大会がはじまるくらいです。

ジャンケンに勝った人は「ヨッシャー、払える！」

負けた人は、「うう、残念……」

おもしろいでしょ。僕のまわりには、これほどまでして「お金を使いたい」という人が、たくさんいるのです。

でも、それはただ単純にお金がほしいからではありません。

貯金して、通帳をながめて「ムフフ」と笑っていたいからではありません。入ってきたお金で、もっと人生を楽しみたいからです。

自分を楽しませるために使ったり、人を喜ばせたり、助けたりするために使いたいからです。

お金は、使うと減るのではなく、使うとほしいものが手に入り、心が豊かになるのです。

ずいぶん時間がかかったけれど、僕もそのことに気づきました。

自分のために「次のステージ」を用意する

自分をもっと成長させたくて、チャレンジしたことがあります。

そのひとつが、二〇〇〇人規模のお客さんが入る大きな会場で、講演会を開催したことです。

それだけのお客さんがきてくださると、確信したからではありません。

「なんか知らんけど、きてくれることにした」のです。


それまでは、僕のセミナーや講演会といえば、たいていお客さんの数は五〇人か、多くて二〇〇人程度。ホワイトボードを活用しながらお話しするのが得意だったので、これくらいのお客さんの数が、ちょうどよかったのです。

けれど、あるとき気づきました。

ホワイトボードを使うのは、最初から「大きな会場で話ができるような自分じゃない、ことにしていた」からだって。

セミナーの後に、お客さんとの懇談会を開くのもいつものやり方でした。

でも、それも少人数でないと実現しないこと。

最初から、「たくさんのお客さんに、聞いてもらえる自分」ではない前提だったんです。

ホワイトボードを使うのは、僕の得意なこと。

懇談会を開くのは、きてくださった方に喜んでいただくため。

「ということ」にして、自分の可能性を低く限定していたのです。

会場のキャパシティは、自分自身のキャパシティ。

「これが得意だから」「喜んでもらえるから」と言い訳して、自分の成長を自分で止めていたというわけです。


だから、あえて、大きな会場を先に予約してもらったのです。そして、先にホワイトボードを使うスタイルをやめてみたんです。そう、いちばん得意なものを封印したんです。

「誰もきてくれなかったら、どうしよう……」

一瞬、不安になりましたが、いやいや大丈夫！　会場は、超満員に違いない。

だって、「そういうこと」にしたのだから。

こうして僕は、自分で自分を、一歩成長した次のステージへ連れて行くことができたのです。結果は、超満員でした。

「思い」が先です。

自分は「すごい！」「素晴らしい！」「最高！」な存在なのです。

その「思い」が、ワンランク上の現実を連れてきてくれます。

さて、あなたは、どんな人になりたいですか？

そしてそれは、「なりたい」ではなく、「すでにそうである」と知るだけでいいんです。自分が知らないだけなのです。

売り上げトップで、表彰される？

開発した商品が大ブームで、〝話題の人〟になる？

こっそり書いていた小説が、直木賞受賞？

だったら、今からスピーチの練習をしておきましょう。

だって、『情熱大陸』や『プロフェッショナル　仕事の流儀』から取材がきちゃうかもしれないのだから！

「何をバカなこと言ってるの。お気楽だねぇ」と笑われてもいい。

「思い」は自由にもっていいんです。そう「なる方法」は考えなくてもいい。

それが、がんばらないで、認められるようになるキーワードなのです。そして、その先にあるのは「成功してないのに幸せ」だと気づくことなのです。

がんばらない人は、「休み」上手

今、僕は、月に十五日はお休みをいただいています。

そう。仕事が半分、休みが半分。そのペースで暮らしているのです。

お休みの日は、のんびりブログを書いたり、本を読んだり。

昼寝したり、散歩したり。

だから、もちろん、仕事の日は、けっこういろいろな用事が重なって忙しい。

でも、カリカリあわてません。

「ごめんなさい。ちょっと待っててね」

お願いすれば、たいていの仕事相手は、待っていてくださるからです。


こうなれたのは、決して余裕があるからではありません。

最初から「休日」をつくったから、余裕ができたのです。

会社員時代は、土日も関係なく働いた。

だから、独立して起業したときに、「休む」ということだけは決めたのです。

僕がいちばん好きなことは、「のんびりすること」だと気づいたから。

スケジュール帳は、お休みの予定から決めていく。

これが、がんばらない人の日常です。

本当に「やりたいこと」に目覚めるチャンスがくる

断る、サボる、休む、「他力《たりき》」にのる……。

「で、本当になんにもしない人になっちゃったら、どうするんですか?」

そんな質問をいただきました。

朝は遅刻ギリギリにやってきて、机の前に座れば、ぼんやり窓の外をながめるだけ。みんなの仕事ぶりを、「すごいね」とため息をついてながめ、終業チャイムが鳴ったら、即、帰る。

まあ、ここまでなんにもしない人になれたら、それはそれですごい。

だけど、本当になんにもしない人になったとき、次の扉が開くのです。

それは、「手持ちぶさた」という扉。

「ああ、ヒマ」「手持ちぶさた」

そんな状態になったとき、ほとんどの人が気づくはずです。これまでやってきたことは、実は自分が大好きな仕事だったんじゃないかって。

すると、これまでとは違うスイッチが入ります。

これまでの「やるべき」「やらされている」のスイッチから、「やりたい」のスイッチに変わるのです。

「やりたい」こと、「好き」なことなら、人は、がんばらなくてもやれるのです。やっていることは同じでも、がんばらず、楽しんでやるから報われるのです。

なんにもヤル気がしなくなった……。

そんなときは、チャンスのひとつだと思って、しばらくその「がんばらない世界」にひたってみてはいかがでしょう。

あなたの本音が、きっと見つかるはずです。

がんばるのを
やめるから、
「やりたいこと」が見つかる

自分のなかの「才能」に気づける人になる

がんばっても、結果が出せない。

がんばっても、うまくできない。

そんなとき、「そもそも、自分には才能がないんじゃないか」と、あきらめてしまう人がいます。

でも、報われないことと才能とは、ほとんど関係がありません。

というのも、一般的には「ああ、あの人才能ないなぁ」と思われるような人が、どんどん開花していくのを、実際、この目で何人も見てきたからです。

僕のスクールの卒業生のなかにも、いるんです。

最初は、「セミナーの講師になりたいと言っているけど、この人、ホンマに大丈夫かな?」とちょっと不安になりました。

なにしろ、彼女は、数年前まで家に引きこもって、布団《ふとん》からさえもでられなかったという主婦です。自信がなさそうで、話し声も小さく、モニョモニョモニョモニョ……。

「今、何て言ったのかなぁ?」と、聞きとれないこともあったくらいです。

ところが、そんな彼女が、失敗もして苦労もして、今や人気講師です。

態度が堂々としてきたわけでもありません。

話し方が上手になったわけでもありません。

大勢の人を前にしても、相変わらずの下手くそなしゃべり。

だけど、だからこそ、みんなが一生懸命耳をすまして聞きたくなるんです。

もちろん、みんなに絶賛されているわけでもないし、クレームを言われることもある。でもそれは僕も同じだし、決して自信たっぷりに「こうしなければなりません!」なんて言わないから、気持ちがラクになって、安心して聞けるんです。

才能は、誰が決めるものなのでしょう?

そう。自分です。自分が決めていいんです。誰のなかにも才能は眠っています。

ただ、それに気づくか、気づかないかだけ。勝手に「ない」ことにしているだけだから。

どんな自分にも、才能は「ある」ということにできる人が、報われるのです。

彼女は「ある」ことにしたのです(坂崎《さかざき》ひでこさん)。

自己アピールしなくても、まわりが「見つけて」くれる

「私、こんなことできるんです、あんなこともできるんです」

「○○っていう資格をもっています」

「あっ、それ得意です。できます。○○大学を出ているので」

「芸能人の○○さんなら、私、友だちです」

………ウザい（笑）って、思いませんか？

日本人はパフォーマンスが苦手。もっと自己アピールしなきゃ！

そんなことを言う人もいます。

しかし、報われないのは、自己アピールが下手だからではありません。

むしろアピールすればするほど、ウソっぽい。虚勢をはっているようにしか見られません。

一人ひとりは、もともと輝くダイヤモンドのような存在です。

ダイヤモンドは、「私、輝いているんです。ダイヤモンドなんです」とみんなに言ってまわることはありません。

なぜなら、ダイヤモンドは、黙っていても、ひとりでに光り輝くからです。

本当はダイヤモンドなのに、自分をガラス玉だと思っていると、いつも「ほら、見て。私、輝いているでしょう」と自分を磨き続けなければいけません。手を抜けない。毎日、セッセと磨く。

少しでも休んだら、輝きを失ってしまうと、「思っている」からです。

自分の素晴らしさは、自分がわかっていればいいことです。

本来のダイヤモンドに戻りましょう。ダイヤモンドは、ただそのへんに転がっているだけでも、キラキラと輝きを放ちます。

がんばらなくても、まわりの人が、あなたの存在を見つけてくれるのです。

そして、そのダイヤモンドをダイヤモンドらしく扱えるのは、あなただけなのです。そのためにも、ちゃんと「その輝きにふさわしい場所」に自分を置いてあげましょう。

自分をダイヤモンドとして扱う

批判はさりげなく受けとめ、傷つかない

自分で、「自分はすごい、素晴らしい、ことにする」。

でも、だからといって、つねに人から称賛《しょうさん》され、認められ、ほめられ、助けられるわけではありません。

なかには、「そうかなぁ。あの人、たいしたことないよ」と言う人もいる。

素晴らしくても、批判や誹謗中傷《ひぼうちゅうしょう》にさらされることもある。

素晴らしくても、批判されれば悲しいし、腹も立ちます。

けれど、「がんばらないルート」を選べば、ただ「悲しい」、ただ「腹が立つ」だけ。

それが「ああ、やっぱり私はダメ」と自分を卑下《ひげ》する気持ちや、「あいつが悪

い」と人を責める気持ちには、アクセスしなくなるのです。

自分のなかの深いところは、決して傷つきません。ダイヤモンドは傷つかないのです。

だから、もう恐れなくていいんです。

今を生きる

老後の生活は？

年金は？

病気になったらどうしよう？

そんな未来の不安に備えるより、今、本当にやりたいことを楽しみながら生きる人生がいいと思うのです。

昔は僕も心配ばかりしていました。

今が楽しく、いろいろな人に恵まれて幸せなら、たとえば過去に苦しみがあったとしても、あの苦しみを経験したおかげで、今はこんなに幸せだと思える。

逆に、今が不幸だと、過去にどんなに幸運を経験していても、あれで運を使い果たしたせいで不幸になってしまったと思うだけ。

だから、今を楽しもう。

楽しんでみる。幸せなことにする。

考えたところで、未来は勝手にくるのです。

今から想像しても、何が起こるかなんてわかりません。

万が一何かあったとしても、「困ったときに考える」「追い詰められてから決断する」。

それでいいんじゃないでしょうか。

あれをしちゃいけない、これをしちゃいけないと、禁止事項にばかりとらわれないで、「いけない」を全部「いい」に変えてしまう。今を精一杯楽しみたい。

愛と笑いに満ちた人生を！

それは自分が決めるか、決めないか、だけなのです。

どんな状態でも「自分は幸せ」だと知っている人になる

お金があるから、幸せ。

友だちが多いから、幸せ。

結婚しているから、幸せ。

就職できたから、幸せ。

病気になったから、不幸。

借金だらけだから、不幸。

親が厳しいから、不幸。

子どもがいないから、不幸。


何が「幸せ」で、何が「不幸」なのか。

それは、一つの価値観にすぎません。

「あの人、お金持ちだけど、家族とは断絶、友人もいないんだって。不幸よね
―」

と考えるのも、外側から見た価値観です。

言われた本人は、「放っといて。いくら孤独でも、私は、お金さえあれば幸せなんだから」とつぶやいているかもしれません。

逆に、どんなに恵まれていても「不幸」を嘆く人もいるでしょう。

結局、「幸、不幸」を決めるのは、自分自身でしかないのです。

がんばらなくても報われる人は、いつも「幸せ」を感じられる人です。

「○○だから、幸せ」

「○○だから、不幸」

と、幸せに条件をつけません。

何もなくても、何かあっても……。

どんな状態でも、満たされているのです。自由なのです。

人に騙《だま》され、理不尽な目にあい、大切な人を失い、病気で、貧乏……。

それでもなお、幸せなのです。

逆にいえば、幸せでも、悲しみやつらいことはやってくるのです。幸せでも、不幸なことも起きるのです。幸せでも、タンスの角に足の小指をぶつけることもあるのです（笑）。

幸せなのは、まわりの条件をすべて取っ払っても「自分は、素晴らしい」存在だということを知っているからです。

それを知っていれば、実際、たくさんの素晴らしいものが流れ込んできます。

そして、ますます「幸せ」がふくらむのです。

この本を読んでくださったあなたには、ぜひ、そんな「幸せ」に気づいていただきたいと思います。

おわりに

花や草や木々が、成長していくように、
人は、放っておいても、成長するようにできています。

何もしなくても、どんどん葉を繁らせ、
何もしなくても、どんどん実をつけ、
何もしなくても、美しい大輪の花を咲かせてしまう。

それが、自然のルール。
それが、僕たちの本当の姿。

なのに、これまでは、わざと成長しないように、がんばっていた気がします。
そこそこの仕事、そこそこのお金、そこそこの幸せ……。
「人生、そこそこでいいよ」って。「安全第一」「傷つかないのがいちばん」。
でも、「がんばる」のブレーキをはずした今は、もう違う。
本来のあなたがもっている力と輝きに身を任せよう。
勇気を出して、傷ついてみよう。
さあ、どこまでも羽ばたいていこう。

がんばっても報われないのは、「(がんばる) その方法、その考え方じゃないよ」と、ずっと神さまが全力で止めようとしてくれていただけかもしれませんね。

著者紹介

心屋仁之助（こころや　じんのすけ）

心理カウンセラー。

兵庫県生まれ。大手企業の管理職として働いていたが、家族や自分の問題をきっかけに心理療法を学び始める。それが原点となり、心理カウンセラーとして「自分の性格を変えることで問題を解決する」という「性格リフォーム心理カウンセラー」として活動。現在は京都を拠点として、全国各地でセミナー、講演活動やカウンセリングスクールを運営。その独自の「言ってみる」カウンセリングスタイルは、テレビ番組を通じて全国に知られることとなり、たったの数分で心が楽になり、現実まで変わると評判。

現在は個人カウンセリングは行っていないが、スクール卒業生により全国各地で心屋流心理学のセミナーやボランティアでのグループカウンセリングが広く展開されている。発行しているメールマガジン「たった一言！あなたの性格は変えられる！」は４万人を超える読者に支持され、公式ブログ「心が風に、なる」は月間1000万アクセスの人気ブログ。2012年10月より約２年間、テレビのお悩み解決番組において芸能人に「魔法の言葉」を言ってもらうカウンセリングを展開。何人もの芸能人が番組で号泣し、大きな話題となる。

主な著書に、『心屋先生のお母さんが幸せになる子育て』（WAVE出版）、『もう、がまんしない。』（大和書房）、『人間関係が「しんどい！」と思ったら読む本』（中経の文庫）、『「心が凹《へこ》んだとき」に読む本』（王様文庫）、『心屋仁之助の「奇跡の言葉」』（経済界）、『すりへらない心をつくるシンプルな習慣』（朝日新書）、『一生お金に困らない生き方』『「好きなこと」だけして生きていく。』『50歳から人生を大逆転』（以上、PHP研究所）など多数。

本書は、2014年３月にＰＨＰ研究所より刊行された作品を、再編集したものです。

ＰＨＰ文庫　がんばっても報われない本当の理由

2017年７月18日　第１版第１刷

著　者　心屋仁之助
発行者　岡　修平
発行所　株式会社ＰＨＰ研究所
東京本部　〒135-8137　江東区豊洲5-6-52
文庫出版部　☎03-3520-9617(編集)
普及一部　☎03-3520-9630(販売)
京都本部　〒601-8411　京都市南区西九条北ノ内町11

PHP INTERFACE　http://www.php.co.jp/

組　版　株式会社PHPエディターズ・グループ
印刷所
製本所　図書印刷株式会社

ISBN978-4-569-76729-1

PHPの本

「好きなこと」だけして生きていく。

ガマンが人生を閉じ込める

心屋仁之助 著

「一番嫌なことをやってみる」「楽をするほどうまくいく」など、好きなことをしてお金も入ってくる方法を話題のカウンセラーが解説。

【四六判】 定価 本体一、二〇〇円（税別）

PHPの本

一生お金に困らない生き方

心屋仁之助 著

お金は、「労働の対価」ではなく、自分自身の「存在給」として受け取るもの。お金に対するイメージを変えて、豊かになる方法を紹介。

【四六判】 定価 本体一、二〇〇円(税別)